CONEXÃO UNIVERSITÁRIA

52 reflexões de universitários para universitários

Conexão Universitária:
52 reflexões de universitários para universitários
© 2022 Publicações Pão Diário. Todos os direitos reservados.

Escritores: Ana Luiza Lima dos Santos, Andreza Bianca Braga Pinheiro, Ariella Hanna Maltempi Mula, Arthur Plombon Lima, Bruna Barbosa dos Santos, Brunna Marques Sepulveda Brum, Daniel Martinez Corasolla, Diana L. Sousa Aires, Emeliana Lopes Inácio Carvalho, Gabriel Dayan Stevão de Matos, Heloisa Antunes Camargo da Silva, Isabelle da Silva de Almeida, Jennifer K Boeing, Jéssica Elaine Pavanelo, João Henrique de Lima Rech, Jullia Teixeira, Keryn Geovanna Greschuk, Layla Priscila Fischer, Leonardo Gonçalves de Araújo, Lucas Henrique de Souza Lima Silva, Luiz Victor Hammerer Azevedo, Maicon William, Matheus Augusto de Souza Lima Silva, Paola Yasmin Stival Sousa, Paulo Roberto de Jesus Silva, Pedro Enrico Mantovan, Tieme Breternitz Harfouche, William Watson Henriques

Coordenação editorial: Adolfo A. Hickmann
Revisão: Lozane Winter, Marília Pessanha Lara
Projeto gráfico e capa: Rebeka Werner
Diagramação: Denise Duck Makhoul
Ilustrações: Giovanni Stoco

Dados Internacionais de Catalogação na Publicação (CIP)

PAVANELO, Jéssica (Organizadora)
Conexão Universitária — 52 reflexões de universitários para universitários
Curitiba/PR, Publicações Pão Diário, 2022.
1. Evangelismo   2. Vida cristã   3. Estudo bíblico   4. Devocional semanal

Proibida a reprodução total ou parcial, sem prévia autorização, por escrito, da editora.
Todos os direitos reservados e protegidos pela Lei 9.610, de 19/02/1998.
Permissão para reprodução: permissao@paodiario.com

Exceto quando indicado o contrário, os trechos bíblicos mencionados são da Bíblia Sagrada, Nova Versão Transformadora © 2016, Editora Mundo Cristão.

Publicações Pão Diário
Caixa Postal 4190
82501-970 Curitiba/PR, Brasil
publicacoes@paodiario.org
www.publicacoespaodiario.com.br
Telefone: (41) 3257-4028

Código: M5756
ISBN: 978-65-5350-103-4

1.ª impressão 2022
Impresso no Brasil

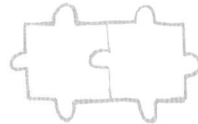

INTRODUÇÃO

Na universidade, somos tão diferentes e ao mesmo tempo tão semelhantes: ali se reúne o mais diversificado grupo de jovens, mas que possui um objetivo comum: a formação profissional. Talvez você pense que é jovem demais para assumir algumas decisões ou para fazer certas reflexões. Ou, quem sabe, você se sinta jovem "de menos" por estar na universidade e não se enquadrar na faixa etária da maioria dos colegas. Seja qual for o seu caso, gostaríamos de afirmar a você que, como seres humanos, precisamos nos conectar com o outro apesar de todas as diferenças e semelhanças. Afinal, quem somos é descoberto e construído a partir desse contato. Cremos que o ambiente da universidade possibilita essa conexão, visto que nos dá a oportunidade de conviver e aprender com pessoas com visões de mundo muito diferentes das nossas — seja no raciocínio que embasa uma solução física ou matemática, seja nos gostos literários divergentes ou ainda quanto à área preferida das ciências da vida.

Considerar esses aspectos é um dos motivos pelos quais temos o prazer de colocar em suas mãos esta nova edição do *Conexão Universitária*. Nossa intenção é que, com a leitura destas páginas, você conheça mais sobre Deus e mais sobre quem você é, e, assim, possa respeitar mais a si mesmo e àqueles ao seu redor. A partir de seu relacionamento com Deus, sua conexão com pessoas diferentes ou semelhantes será edificada, pois todo o conhecimento que necessitamos sobre nós mesmos, sobre os outros, sobre o mundo em que vivemos e sobre a ciência que estudamos reside no Senhor.

O *Conexão Universitária* é um projeto de Publicações Pão Diário desenvolvido por jovens da Rede Universitária, que trabalham há alguns anos com a conexão entre grupos cristãos nas universidades. Este devocional reúne 52 meditações, uma para cada semana do ano, escritas por estudantes de diversas áreas do conhecimento, espalhados pelo Brasil. Além da temática da semana, cada meditação apresenta textos bíblicos e questões para debate a fim de aprofundamento do assunto e aplicação pessoal.

Que estas reflexões possam edificar você, universitário, qualquer que seja o seu contexto dentro e fora da academia, desafiando-o a viver para e em Cristo neste mundo tão turbulento, e a esforçar-se diariamente para manter a conexão com Deus, consigo mesmo e com os outros.

Boa leitura!

JÉSSICA PAVANELO
JOÃO RECH

SUMÁRIO

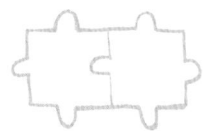

Semana 01 — Fábrica de ídolos 7
Semana 02 — Morte 11
Semana 03 — Aperfeiçoamento constante 14
Semana 04 — Respeito 17
Semana 05 — Animações e reflexões 20
Semana 06 — Tempo 23
Semana 07 — Consagração 26
Semana 08 — Trabalhando a esperança 29
Semana 09 — O dia de amanhã 32
Semana 10 — O agro revela a glória de Deus 35
Semana 11 — Cuidado com as palavras 38
Semana 12 — Cristo x cultura 41
Semana 13 — Seja feita a minha vontade 44
Semana 14 — Problema de memória 47
Semana 15 — Brigas 50
Semana 16 — Saúde mental 53
Semana 17 — Comparação 56
Semana 18 — A era da desconexão social 59
Semana 19 — Prioridade sem plural 63
Semana 20 — Tudo é uma questão de tempo 66
Semana 21 — Sexualidade 69
Semana 22 — Legado 72
Semana 23 — A segunda vinda de Jesus 75
Semana 24 — *Campus* missionário 78
Semana 25 — Chamado *pra* quê? 81
Semana 26 — A igreja e o universitário 84
Semana 27 — Meu corpo! 87
Semana 28 — As tentações da vida universitária 90

Semana 29 — Posso ser cristão e universitário?... 94
Semana 30 — Fracassos na vida... 97
Semana 31 — O abandonar a fé.. 100
Semana 32 — Santidade e pureza... 104
Semana 33 — Redimidos para cultivar e guardar.. 107
Semana 34 — As oportunidades são para hoje... 110
Semana 35 — Como servir a Deus na sala de aula.. 114
Semana 36 — Isto se chama cuidado... 117
Semana 37 — Política *pra* quê?... 120
Semana 38 — O poder da ressurreição.. 123
Semana 39 — Racismo... 126
Semana 40 — Sonhos... 130
Semana 41 — A bênção da frustração.. 133
Semana 42 — Presos por pecados... 136
Semana 43 — Perdão.. 139
Semana 44 — Estudar *pra* quê?.. 142
Semana 45 — Murmuração.. 145
Semana 46 — A arte que glorifica a Deus.. 148
Semana 47 — Sou de humanas!... 151
Semana 48 — Eternidade... 154
Semana 49 — Cura para toda a criação... 157
Semana 50 — É chegado o reino dos Céus.. 160
Semana 51 — Livres para obedecer 163
Semana 52 — Coragem para viver o novo... 166

FÁBRICA DE ÍDOLOS

SEMANA 1

ONDE ENCONTRAR NA BÍBLIA?

MATEUS 6:19-21

Não ajuntem tesouros aqui na terra, onde as traças e a ferrugem os destroem, e onde ladrões arrombam casas e os furtam. Ajuntem seus tesouros no céu, onde traças e ferrugem não destroem, e onde ladrões não arrombam nem furtam. Onde seu tesouro estiver, ali também estará seu coração.

Muito provavelmente você nunca se ajoelhou perante um deus egípcio e direcionou uma prece a ele, nem mesmo cogitou prestar culto a Poseidon depois de ter lido *Percy Jackson*. Mesmo assim, você não está livre da idolatria. Visto ser algo que vai muito além das aparências, ela habita em nosso coração: uma fábrica de ídolos.

Toda vez que colocamos outra coisa ou pessoa no lugar de Deus em nossa vida, estamos cometendo idolatria. Ou seja, se você crê que um relacionamento será a fonte da sua alegria, que o seu trabalho poderá preencher o senso de propósito que você precisa, ou mesmo que sua performance define sua identidade, você erigiu um ídolo em seu coração.

FALANDO SOBRE O ASSUNTO

Jesus nos aconselha a voltarmos o nosso coração à eternidade, dizendo algo como: não coloquem o seu valor e o que vocês têm por precioso em nada deste mundo; coloquem-nos em mim. Isso é uma verdadeira batalha, tendo em vista que, a todo momento, somos tentados a valorizar coisas terrenas.

Seja como for, o primeiro passo para vencer essa batalha é reconhecer em que lugares temos ajuntado o nosso tesouro.

Diante disso, gostaria de ajudar você quanto a essa etapa discorrendo sobre três áreas, nas quais eu mesmo já ajuntei o meu tesouro: relacionamento, trabalho e desempenho.

Relacionamento

Sem dúvida, nossos relacionamentos — família, amizade, namoro, casamento etc. — são bênçãos de Deus. Aliás, é uma recomendação dele que Seu povo interaja regular e publicamente em cultos de adoração. Todavia, estamos sujeitos a desvirtuar esse presente de Deus para nós, colocando nossos relacionamentos no lugar do Senhor.

A minha experiência quanto a isso ocorreu no meu primeiro namoro: eu acreditava que tinha a obrigação de fazer a outra pessoa feliz e que, por outro lado, encontraria a felicidade em minha namorada. Obviamente, eu fui incapaz de fazê-la feliz, bem como de encontrar minha felicidade nela.

Se você, em alguma medida, se identifica com isso, tenho um recado urgente: não espere obter verdadeira alegria e verdadeiro prazer em nada que não seja no eterno Deus, nem mesmo acredite que você pode ser a fonte de alegria para alguém.

Trabalho

Cresci aprendendo que tinha o dever de fazer tudo com excelência, pois tudo o que eu faço é, na verdade, para Deus. É muito precioso e libertador saber que você não está sob o olhar crítico dos outros, nem mesmo sob as regras cruéis do mercado, mas sim sob o olhar compassivo e misericordioso do Senhor.

No entanto, mais uma vez ressalto: somos capazes de desvirtuar um presente que Deus nos dá. Em certo momento, percebi que se trabalhasse arduamente, como se o fizesse para Deus, além de glorificá-lo, eu pode-

ria ficar rico (ou pelo menos tentaria). Quando me dei conta, a generosidade no meu coração tinha dado lugar à mesquinhez, e a solidariedade, ao individualismo.

Eu tive de ouvir o mandamento de Cristo: o meu tesouro não pode estar aqui, deve estar com Ele.

Desempenho

Desde pequeno, eu tive minha identidade muito ligada à minha performance. Quanto mais eu me esforçava para não pecar, mais crente eu me tornava. Quanto mais eu me esforçava para obedecer a meus pais, mais filho eu me sentia. A cada deslize, era como se uma parte de mim deslizasse junto para fora do meu ser. Isso me levou a desenvolver um sentimento de culpa implacável: eu jamais poderia errar, pois isso significaria algum dano à minha identidade — seria menos crente, menos filho, menos eu mesmo.

Tudo isso mudou apenas quando eu descobri minha verdadeira identidade: a de filho de Deus. Foi um caminho longo, mas entendi que ser filho de Deus não estava atrelado ao meu desempenho, mas ao sacrifício perfeito que havia sido feito por mim.

Se você também já se sentiu assim, saiba que Cristo não quer seu desempenho, Ele deseja seu coração; entregue-o a Ele.

QUESTÕES PARA DEBATE

1. Em quais áreas de sua vida você consegue identificar ídolos? Você se identifica com algum dos exemplos citados? Por quê?
2. Saber que o seu desempenho não altera a sua identidade de filho de Deus influencia o seu relacionamento com Ele? Como?
3. O seu coração, neste momento, tem se voltado mais para as coisas deste mundo ou para o que é eterno? O que o motiva a isso?

ORAÇÃO

Senhor Jesus, colocamo-nos perante a Tua presença clamando que Tu nos ajudes a colocarmos o nosso coração no lugar certo. Livra-nos de vivermos para este mundo e de desejarmos ajuntar tesouros nele. Livra-nos da idolatria e de tudo que nos afasta de ti. Ajuda-nos a reconhecer as áreas em que temos falhado e a vencer todo o pecado que habita em nosso coração. Em Teu nome. Amém!

CAIO ROMANI
Direito — Direito com Deus UFPR

ANOTAÇÕES

MORTE

SEMANA 02

ONDE ENCONTRAR NA BÍBLIA?

FILIPENSES 1:21
Pois, para mim, o viver é Cristo, e o morrer é lucro.

1 CORÍNTIOS 15:19
Se nossa esperança em Cristo vale apenas para esta vida, somos os mais dignos de pena em todo o mundo.

A vida cristã é permeada por temáticas relevantes que cativam os pensamentos e levam a mente à satisfação de novas descobertas em Deus. Já o tema relacionado à morte costuma ser bastante evitado, mesmo que inconscientemente, por conta das características dolorosas dessa realidade. Contudo, a falta de reflexão sobre esse assunto pode acarretar uma vida meramente material, pecaminosa e aquém daquilo que Deus nos orienta em Sua Palavra.

FALANDO SOBRE O ASSUNTO

A morte é o fim da existência natural. Para aqueles que só se apegam ao material, ela significa o fim de todas as realizações, o fim das posses, o fim da própria consciência. É uma jornada ao desconhecido, cercada de dúvidas e medo, porém tomada por uma certeza íntima de que se há um Deus, o ser humano é insuficiente para satisfazer Seus preceitos e Sua justiça.

Muitos cristãos ainda não conseguem conversar ou refletir sobre a morte sem que dúvidas e medos aflijam sua mente. Não pensar no fim da vida terrena pode ser indício de um coração que não pensa nas coisas do alto, um coração que vive apenas para si, um coração que crê que toda plenitude de alegria e esperança pode ser vivida apenas aqui na Terra. A Palavra de Deus descreve esse coração como pertencente a alguém digno de pena.

É preciso constantemente fazer uma autoanálise e avaliar se o medo da morte supera o desejo de viver com Cristo. Se for constatado que supera, é preciso levar tal sentimento aos pés de Cristo e mudar o entendimento com relação à morte. Não é algo que se altera da noite para o dia, mas sim que amadurece dia após dia em nosso relacionamento com o Senhor.

A intenção aqui não é banalizar sua visão diante da morte em si e todo seu impacto, mas trazer uma perspectiva alinhada com a esperança manifesta nas Escrituras.

Na perspectiva da carne, a morte remete à dor e ao sofrimento; com isso, naturalmente o ser humano não deseja morrer.

Existe apenas uma alternativa em que a morte é lucro, em que os pensamentos de morte são acompanhados de esperança: Jesus. É nessa pessoa que se encontra a paz diante de um tema tão amedrontador. Esta não é uma paz como a que o mundo dá, mas é a paz "que excede todo entendimento" (FILIPENSES 4:7), portanto ela não se atém aos esforços do raciocínio humano. Tal paz está firmada na certeza de que a morte foi vencida, sendo apenas uma passagem para a vida eterna com Deus por meio do sacrifício de Cristo.

Não que seja necessário desejar a morte para se estar com Cristo. Afinal, Ele nos deu a vida, isto é, existe um propósito para ela também, assim como para a morte. Só na perspectiva de Cristo, e com a graça do Espírito, é possível pensar na vida e na morte como Paulo: em que a vida é Cristo e a morte é lucro, uma jornada à glória ainda desconhecida, guiada pela doce presença do Salvador.

QUESTÕES PARA DEBATE

1. Falar sobre a morte costuma ser um peso para você? Por quê?
2. Quais são seus sentimentos com relação ao fim da vida terrena?
3. Você costuma orar a respeito do seu propósito na Terra e se preparar para construir um legado que dure após sua morte? De que forma você tem feito isso?

ORAÇÃO

Senhor, quero ter a certeza do Teu amor por mim. Que o meu temor com relação à morte não me paralise. Que eu possa amadurecer e entender que a morte é um fato, uma passagem para estar com o Senhor. Faz-me compreender meu propósito de vida e que, mesmo com medo, eu declare que a vida para mim é o Senhor e que a morte é lucro. Dá-me graça diante desse tema. Que meus pensamentos estejam nas coisas do alto, de onde vim e para onde vou. Agradeço-te por Teu sacrifício, agradeço-te por me resgatar; somente em ti encontro paz diante da morte. Essa é minha oração. Em nome de Jesus. Amém!

PAOLA YASMIN
Química — Jesus na UFPR

ANOTAÇÕES

SEMANA 03

APERFEIÇOAMENTO CONSTANTE

Visto que é impossível não sermos confrontados com a Palavra de Deus e acharmos que estamos bem o suficiente a ponto de não precisarmos mais crescer, é sempre bom refletirmos sobre em que precisamos melhorar. Tanto no cotidiano quanto em grandes compromissos, necessitamos demonstrar o caráter de Cristo. Cresçamos, então, no conhecimento de Deus.

ONDE ENCONTRAR NA BÍBLIA?

1 TESSALONICENSES 4:10

De fato, vocês já demonstram amor por todos os irmãos em toda a Macedônia. Ainda assim, irmãos, pedimos que os amem ainda mais.

FALANDO SOBRE O ASSUNTO

Paulo diz estar alegre pelo amor e fé crescente dos tessalonicenses, mas os encoraja a continuar se aperfeiçoando. Assim também devemos estar em constante transformação.

Mesmo que estejamos fazendo algo bom ou já tenhamos melhorado muito nisso, não podemos nos acomodar e parar de crescer. É necessário continuar se desenvolvendo. É necessário se aperfeiçoar no amor, na fé, na esperança, na paciência, nos dons, no ministério e no caráter. O progresso precisa acontecer.

O nosso modelo é Jesus; então, não podemos melhorar um pouco e pensar que já atingimos um nível suficiente. "Ah, já melhorei nisso, então está bom"; "Já vou em todos os cultos, então está bom"; "Já estou fazendo isso e aquilo, então está bom".

Cada avanço é, sim, valioso, mas nada é melhor do que continuar crescendo. Contudo, devemos deixar de lado o pensamento de que nada do que façamos será o bastante e com isso desanimar; afinal, não precisamos carregar esse fardo pesado. Firmemo-nos, sim, nesta certeza: "O que eu estou fazendo é bom, a minha evolução é boa, e por isso, posso continuar melhorando".

Devemos sempre nos alegrar com as nossas vitórias diárias na busca de nos tornarmos mais parecidos com Jesus, mas nunca nos acomodarmos nelas. Nossa meta é Cristo!

QUESTÕES PARA DEBATE

1. Você está acomodado em seus avanços ou tem buscado se desenvolver continuamente? O que mais motiva você a isso?
2. Além do que foi abordado, o que mais você considera um aperfeiçoamento?
3. No quesito "ser parecido com Jesus", qual avaliação você faz de si mesmo? Quais características que você vê em sua vida que são semelhantes às de Cristo?

ORAÇÃO

Querido Pai, ajuda-nos a não nos acomodar no que temos conquistado hoje e a buscar sempre o aperfeiçoamento por meio da Tua Palavra, de nossa vida de oração e de nossos irmãos na fé. Que venhamos a renunciar a tudo aquilo que percebermos estar distante do Teu coração e da Tua perfeita vontade, mudando de rota. Senhor, que o fato de buscarmos melhorar em algo não se torne peso sobre nós; pelo contrário, que as mudanças sejam leves por nos tornarem mais parecidos com Jesus e nos levarem para mais perto de ti. Em nome do Teu Filho. Amém!

MELLY CARVALHO
Missionária — Ally MS

ANOTAÇÕES

RESPEITO

SEMANA 04

ONDE ENCONTRAR NA BÍBLIA?

MATEUS 5:20-22

Eu os advirto: a menos que sua justiça supere muito a justiça dos mestres da lei e dos fariseus, vocês jamais entrarão no reino dos céus. Vocês ouviram o que foi dito a seus antepassados: "Não mate. Se cometer homicídio, estará sujeito a julgamento". Eu, porém, lhes digo que basta irar-se contra alguém para estar sujeito a julgamento. Quem xingar alguém de estúpido, corre o risco de ser levado ao tribunal.

vv.44-45

Eu, porém, lhes digo: amem os seus inimigos e orem por quem os persegue. Desse modo, vocês agirão como verdadeiros filhos de seu Pai, que está no céu. Pois ele dá a luz do sol tanto a maus como a bons e faz chover tanto sobre justos como injustos.

É fundamental em todas as interações humanas a prática do respeito. Além daquilo que socialmente é exigido, nós como filhos de Deus e cidadãos do Reino devemos demonstrar o que Jesus ensina em Sua "metodologia" de vida: o Sermão do Monte.

Em Mateus 5:20-22,44-45, podemos entender o que o Senhor Jesus espera de nós, como filhos e discípulos, no tratamento com o próximo. As instruções de Jesus ao longo de todo o sermão são claras, diretas e imediatamente aplicáveis, embora digam respeito a mudanças que precisamos buscar por todo o processo de santificação que vivemos em nossa caminhada com o Senhor. Jesus é nosso exemplo e nosso parâmetro, tanto no relacionamento com o Pai quanto com os outros.

Em um tempo em que a expressão das opiniões e o desejo de vencer discussões estão tão acentuados, é importante relembrarmos aquilo que Jesus espera de nós ao lidarmos com os outros. Ressalto ainda que neste texto não há um direcionamento sobre qual tipo de pessoa deve ser tratada com respeito, pois Cristo deixa claro que esse é o padrão, e não a exceção.

FALANDO SOBRE O ASSUNTO

Muito embora essas orientações tenham sido dadas na nova aliança, podemos aprender com dois exemplos do Antigo Testamento, que agiram de forma respeitosa e honrada ao lidar com pessoas, que ao nosso ver, não o mereciam nem um pouco. O primeiro exemplo diz respeito aos amigos de Daniel. O rei Nabucodonosor ameaçou a vida deles, caso se recusassem a adorá-lo. Diante do posicionamento resoluto dos três jovens, o rei fez uma nova tentativa, mas eles mantiveram sua decisão, conforme o texto a seguir:

> *Sadraque, Mesaque e Abede-Nego responderam: "Ó Nabucodonosor, não precisamos nos defender diante do rei. Se formos lançados na fornalha ardente, o Deus a quem servimos pode nos salvar. Sim, ele nos livrará de suas mãos, ó rei. Mas, ainda que ele não nos livre, queremos deixar claro, ó rei, que jamais serviremos seus deuses ou adoraremos a estátua de ouro que o rei levantou"* (DANIEL 3:16-18).

Veja o tom de firmeza, somado a uma reverência devida à autoridade real. Sendo confrontados, ameaçados e coagidos (e mesmo tendo a vida em jogo!), além de manterem a fidelidade ao Senhor, eles ainda mantiveram o respeito devido à Nabucodonosor.

> O segundo exemplo é o de Ana, mãe de Samuel.

Ela era profundamente atormentada pelo fato de não ter filhos, e em uma das idas ao santuário em Siló, estando em angústia de alma, Ana derramou o coração dela diante do Senhor. O sacerdote Eli, no entanto, fez um péssimo juízo dela e a repreendeu como se ela estivesse embriagada; observe o texto:

> *Enquanto ela fazia sua oração ao SENHOR, Eli a observava. Viu que os lábios dela se moviam, mas, como não ouvia som algum, pensou que ela estivesse bêbada. "Até quando vai se embriagar?", disse ele. "Largue esse vinho!" Ana respondeu: "Meu senhor, não bebi vinho, nem outra coisa mais forte. Eu estava derramando meu coração diante do SENHOR, pois sou uma mulher profundamente triste. Não pense que sou uma mulher sem caráter! Estava apenas orando por causa de minha grande angústia e aflição". "Nesse caso, vá em paz", disse Eli. "Que o Deus de Israel lhe conceda o que você pediu"* (1 SAMUEL 1.12-17).

Todo o povo de Israel sabia o quanto Eli e seus filhos estavam afastados do Senhor, podendo talvez ser vistos com menor respeito e autoridade por causa do comportamento deles (1 SAMUEL 3–4). Mesmo nesse contexto, e ainda tendo sido duramente repreendida e ofendida por Eli, Ana o tratou com respeito. Quem sabe outra pessoa no lugar dela não teria retribuído a ofensa, ou "lembrado" Eli de que ele era um sacerdote sofrível e que as visões de Deus eram poucas, devido ao pecado dele e de seus filhos. Mas Ana o tratou com o respeito devido à sua autoridade de sacerdote, da mesma forma que os amigos de Daniel agiram com Nabucodonosor.

QUESTÕES PARA DEBATE

1. Com tantas discussões e ofensas, nos ambientes e na internet, de que maneira podemos desenvolver o estilo de vida apresentado no Sermão do Monte nos dias de hoje?

2. Você tem alguma experiência de contato ou convívio com "pessoas importantes", que demandam tratamento especial? Como seria se todos fossem tratados dessa forma?

3. Como você tem tratado o seu próximo?

ORAÇÃO

Querido Deus, agradecemos-te por Jesus, nosso modelo.
Agradecemos-te pela Palavra, nosso guia de vida e prática. Pedimos graça
para desenvolver o estilo de vida do Sermão do Monte
em nosso dia a dia e, de forma especial, para tratarmos ao próximo com
o devido respeito. Ajuda-nos a sermos mansos e humildes como o
Senhor é, queremos e precisamos aprender de ti. Em nome de Jesus. Amém!

BRUNA SANTOS
Pós-graduação em Ciência do Solo — Jesus na UFPR Agrárias

SEMANA 05

ANIMAÇÕES E REFLEXÕES

Conhecer a vontade de Deus ou o chamado dele à nossa vida é um tema relevante para os cristãos, despertando também o interesse de não-cristãos quando as nomenclaturas "vocação" e "propósito" são usadas. O filme *Soul* ("alma", em inglês), uma animação da Pixar, aborda as dúvidas sobre as inclinações de cada pessoa numa jornada de autodescoberta dos protagonistas. A resposta dada a questões existencialistas é que a razão de viver consistiria em aproveitar a vida mesmo nas pequenas coisas. Apesar de parecer profundo aos olhos do mundo, *Soul* tentou tocar almas sem considerar os conceitos elevados de seu Criador expostos nas Escrituras Sagradas.

ONDE ENCONTRAR NA BÍBLIA?

EFÉSIOS 1:4-5

Mesmo antes de criar o mundo, Deus nos amou e nos escolheu em Cristo para sermos santos e sem culpa diante dele. Ele nos predestinou para si, para nos adotar como filhos por meio de Jesus Cristo, conforme o bom propósito de sua vontade.

FALANDO SOBRE O ASSUNTO

Falar sobre o "Deus [que] nos amou" é fácil, mas se torna complicado quando consideramos as Suas palavras sobre Ele ter, antes de criar o mundo, predestinado pessoas para serem adotadas, escolhido um povo para santidade (ou seja, para ser separado, dedicado a Ele). As inclinações do coração humano mencionadas acima estão desorientadas, a ponto de fazer com que o homem, num estado natural caído, rejeite esse propósito divino.

"Deus tem um plano para sua vida": assim como a palavra "destino", esta afirmação pode parecer animadora em contextos convenientes. Mas ela pode parecer também opressora e injusta à medida em que, culturalmente, as respostas existenciais voltam-se cada vez mais para dentro de cada indivíduo.

Bem, infelizmente para as pessoas que não pretendem mudar de ponto de vista, realmente há um plano divino para cada pessoa é assim que as coisas serão para todo o sempre (JÓ 42:2); mas felizmente para os cristãos, eles recebem as respostas relevantes que precisam, pois a vontade de Deus e o chamado para a vida deles estão escritos literalmente em 1 Tessalonicenses 4:3-8 — vida em santidade. Isto é libertador e esclarecedor pelas seguintes razões:

1. Assim como a animação Soul sugere, nosso propósito principal de vida não se encontra no trabalho que alguém pode fazer. A essência do indivíduo está muito acima da sua ocupação.

2. Aquelas escolhas difíceis sobre carreira, família e outros assuntos complexos não arruinarão nenhuma jornada. Quantas vezes, ao longo da vida, não se pensa sobre uma possível escolha de outro curso superior ou sobre certa recusa de uma proposta para trabalhar em outra cidade? Graças sejam dadas a Deus, pois até mesmo escolhas erradas cooperam para o bem do objetivo primordial (ROMANOS 8:28-29).

3. Se fomos criados para este propósito, não haverá nada que a criatura possa fazer que substitua o ganho inestimável proveniente de ser encontrado em Cristo cumprindo a vontade do Criador (FILIPENSES 3:1-8).

    Dentro dessa perspectiva, mais vale comparar a beleza do destino cristão a outra animação: assim como em *O rei leão*, desista de viver a vida no conforto de *"Hakuna Matata"*; volte para a Pedra do Reino e ocupe seu lugar no ciclo da vida (HEBREUS 12:1-2; 1 CORÍNTIOS 10:1-4; 1 PEDRO 2:4-10).

QUESTÕES PARA DEBATE

1. De que forma este mundo tem reduzido a questão do propósito de nossa vida a um trabalho a ser feito?
2. De que forma nosso Criador tem sido visto como vilão por nos criar com um plano/destino em mente?
3. Para onde é preciso retornar a fim de que você ocupe o seu lugar no ciclo da vida?

ORAÇÃO

Senhor Jesus, ajuda-nos a entender que Tu és Aquele cujos sonhos e caminhos são mais elevados que os nossos, que a Tua vontade é boa, perfeita e agradável, e que os Teus planos para nossa vida cooperam para o nosso bem e para a Tua glória. Encoraja-nos a ter fé e otimismo por causa da boa obra que realizas em nós. Que busquemos o prazer de viver cada vez mais apaixonados e conectados a ti.
Em nome de Jesus. Amém!

LUIZ HAMMERER
Engenheiro Civil — Jesus na UFPR

ANOTAÇÕES

TEMPO

SEMANA 06

ONDE ENCONTRAR NA BÍBLIA?

TITO 3:9
Não se envolva em discussões tolas sobre genealogias intermináveis, nem em disputas e brigas sobre a obediência às leis judaicas. Essas coisas são inúteis, e perda de tempo.

LUCAS 9:59-62
E a outra pessoa ele disse: "Siga-me". O homem, porém, respondeu: "Senhor, deixe-me primeiro sepultar meu pai". Jesus respondeu: "Deixe que os mortos sepultem seus próprios mortos. Você, porém, deve ir e anunciar o reino de Deus". Outro, ainda, disse: "Senhor, eu o seguirei, mas deixe que antes me despeça de minha família". Mas Jesus lhe disse: "Quem põe a mão no arado e olha para trás não está apto para o reino de Deus".

O tempo é precioso demais para ser desperdiçado com o que não traz vida. Quando estamos realizando um curso superior, percebemos que cada segundo importa e se, além da graduação ou pós-graduação, temos que trabalhar para ganhar ou contribuir com o sustento, achamos que o tempo parece não ser suficiente. A vida acadêmica, que se volta para uma sólida formação com qualidade teórica e prática, exige equacionar com sabedoria o tempo. Muitas vezes, como cristãos universitários, nós desperdiçamos este recurso precioso em afazeres e coisas que não valem a pena, e nesses casos experimentamos uma real perda de tempo. É necessário encontrar equilíbrio para desfrutar cada instante que Deus nos deu, "aproveitando bem o tempo, porque os dias são maus" (EFÉSIOS 5:16 NAA). Sobre isso queremos refletir e orar neste texto.

FALANDO SOBRE O ASSUNTO

Perda de tempo

O apóstolo Paulo afirma que algumas discussões tolas e intermináveis são perda de tempo. Analisando o cotidiano, por vezes, são desperdiçadas energias físicas e mentais com questões que não agregam valor algum. Isso pode acontecer quando algumas conversas se voltam para controvérsias desnecessárias e a oportunidade que se tinha de aprendizagem mútua, por meio do diálogo, é desperdiçada. Muitas outras coisas podem fazer com que se perca tempo durante o período de vida na universidade, como passar a viver uma competitividade desenfreada por notas, de querer provar seu valor para colegas que não tem compromisso com Deus, de insistir em relacionamentos fora da vontade de Deus, de se importar mais em agradar pessoas do que a Deus, entre outros. Tudo isso pode se tornar uma corrida atrás do vento que não leva a lugar algum que seja bom.

Investindo tempo

Investir em algo bom — como boas leituras, bons relacionamentos, bons cursos, em saúde — pode não ser, à primeira vista, uma das coisas mais fáceis da vida, pois exige esforço e perseverança. Percebemos no texto de Lucas 9:59-62 que, ante o convite de Jesus, as pessoas apresentavam razões para não seguir o Mestre, pois disseram: "deixe-me primeiro..." e "deixe que antes...". Logo, Jesus não era prioridade na agenda deles. Eles não investiram tempo para acolher o convite que lhes fora feito. Muitas vezes somos assim: em primeiro lugar de nossa vida colocamos as tarefas acadêmicas, a busca pelo sucesso profissional ou um romance pessoal, relegando a segundo plano o Reino de Deus e a Sua justiça. Precisamos parar um pouco e pensar se estamos investindo tempo nas melhores coisas, se estamos buscando equilíbrio na utilização do nosso tempo. Que a primícia de nosso tempo seja dedicada a estar na presença de Jesus. Se não podemos controlar o tempo, podemos desfrutar dele e investi-lo melhor em cada dia que Deus nos concede para viver.

QUESTÕES PARA DEBATE

1. Em sua vida acadêmica, o que você consegue identificar como perda de tempo?
2. De que maneira você pode melhorar o uso do seu tempo a fim de equilibrar suas atividades acadêmicas com as diversas áreas de sua vida?
3. Em que você precisa investir tempo? Está disposto a abrir mão daquilo que o impede de fazer isso? De forma prática, o que você pode fazer a respeito?

ORAÇÃO

Pai querido, em um mundo tão acelerado, ajuda-me a equilibrar o tempo que Tu tens me concedido. Agradeço-te por mais um dia de vida, mais uma manhã na qual a Tua misericórdia se levantou sobre mim. Eu não quero desperdiçar tempo com coisas que não edificam, deixo para trás as polêmicas e dissoluções em que já me envolvi e olho para ti, pois quero viver tempo de qualidade em Tua presença. Que Tu estejas comigo em todos os lugares onde eu estiver, que a Tua presença em minha vida seja notória na universidade que frequento e a todos que me cercam, e desse modo o Teu nome seja exaltado no lugar mais alto dessa instituição e vidas se rendam a ti. É o que te peço e te agradeço. Em nome de Jesus. Amém!

PAULO DE JESUS
Professor — UFMA

ANOTAÇÕES

_____

_____

_____

_____

SEMANA 07

CONSAGRAÇÃO

Consagração é o ato de dedicar algo ou alguém a Deus. É buscar viver segundo a Palavra do Senhor avançando na santidade, separando-se para Deus em extrema paixão e devoção a Ele. Hoje abordaremos esse assunto.

ONDE ENCONTRAR NA BÍBLIA?

HEBREUS 12:14

Esforcem-se para viver em paz com todos e procurem ter uma vida santa, sem a qual ninguém verá o Senhor.

NÚMEROS 6:21

Essa é a lei ritual dos nazireus que fazem o voto de apresentar essas ofertas para o SENHOR. Se tiverem recursos materiais, apresentarão outras ofertas além dessas. Devem cumprir o voto que fizeram quando se consagraram como nazireus.

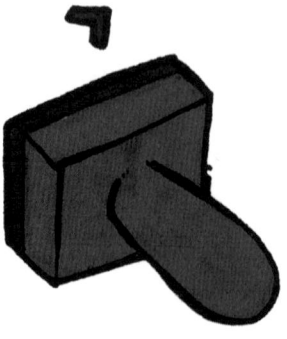

FALANDO SOBRE O ASSUNTO

Ser cristão é viver de uma forma diferente, é viver uma vida radicalmente entregue a Jesus. Não se amoldar aos padrões deste mundo, mas viver genuinamente segundo a Palavra de Deus, buscando cada dia ser mais parecido com Jesus. E uma forma de conhecermos mais ao Senhor é nos consagrando a Ele.

O voto de nazireu

A Bíblia, no Antigo Testamento, nos revela um tipo de consagração que era feita a Deus: o voto de nazireu.

Nazireu é uma palavra de origem hebraica que significa viver uma vida separada para Deus, consagrada para refletir a glória de Deus. O capítulo 6 de Número fala sobre como era feito o voto de nazireu, pelo qual as pessoas se consagravam ao Senhor por um intervalo de tempo específico. Durante o voto eles não podiam:

1. Tomar vinho e nem comer algo proveniente da videira (vv.3-4). Para os judeus isso era comum e prazeroso, mas durante o voto de nazireu a pessoa se abstinha de tal prazer, por amor a Deus.

2. Cortar o cabelo (v.5). O motivo do nazireu não cortar o cabelo era expor ao público o seu voto, pois o cabelo longo representava a consagração dele a Deus. Não se tratava de uma escolha pessoal quanto à aparência, mas do zelo quando a seu compromisso.

3. Aproximar-se de cadáveres (v.6). De acordo com a lei judaica, quem tocasse em um cadáver ficava impuro por sete dias; como os nazireus eram chamados a uma pureza absoluta, não podiam nem mesmo se aproximar de um. Caso isso acontecesse acidentalmente, deveriam agir conforme prescrito em Números 6:9-12.

Na Bíblia temos o exemplo de Samuel, Sansão e João Batista pessoas que foram consagrados a Deus pelos seus pais, e viveram o nazireado desde pequenos.

O que é se consagrar a Deus

Viver uma vida consagrada a Deus vai muito além de simplesmente fazer um voto com o objetivo de receber algo em troca. Viver uma vida consagrada a Deus é ser marcado pelo amor do Senhor, ser tomado de amor por Jesus. Somente quando somos marcados por Ele, entendemos que as paixões e os prazeres deste mundo, as distrações que nos cercam, não são absolutamente

nada se comparadas ao prazer de estarmos na presença do nosso Amado. Tudo perde o valor diante do imenso amor de Jesus por nós.

Busque viver uma vida consagrada ao Senhor, santifique-se, arrependa-se dos seus pecados. Com o olhar fixo no Criador, Aquele que é digno, vivamos radicalmente para Ele.

QUESTÕES PARA DEBATE

1. Para viver de maneira radical e em constante consagração a Deus, o que você pode entregar a Ele hoje?
2. Você entende a importância de se consagrar ao Senhor? Por quê?
3. De que maneira você pode fazer isso?

ORAÇÃO

Senhor, queremos corresponder ao Teu amor; marca-nos e faz-nos ser fascinados por ti. Ajuda-nos a nos consagrar a ti e a viver de forma dedicada ao Senhor, entendendo que em ti está toda a nossa fonte de prazer. Que sejamos pessoas que entendem o que é pertencer a ti e que zelam pelo Teu nome. Em nome de Jesus. Amém!

KERYN GEOVANNA
Engenharia Industrial Madeireira — Jesus na UFPR

TRABALHANDO A ESPERANÇA

SEMANA 08

ONDE ENCONTRAR NA BÍBLIA?

1 PEDRO 1:3-4

Todo louvor seja a Deus, o Pai de nosso Senhor Jesus Cristo. Por sua grande misericórdia, ele nos fez nascer de novo, por meio da ressurreição de Jesus Cristo dentre os mortos. Agora temos uma viva esperança e uma herança imperecível, pura e imaculada, que não muda nem se deteriora, guardada para vocês no céu.

ercado de trabalho. Não sei exatamente o que essas palavras significam para você — a realização de um sonho, a possibilidade de fazer justiça, até mesmo de tentar mudar o mundo ou simplesmente o retorno financeiro para o sustento. Contudo, isso é muito relevante porque a crença que você tem sobre algo acaba por determinar seus pensamentos e comportamentos.

FALANDO SOBRE O ASSUNTO

No início de sua primeira carta, Pedro fala sobre uma viva esperança. E por que ele chama essa esperança de vida? A resposta está na frase anterior: ela não está baseada em um princípio, mas em uma pessoa. Quando comecei a faculdade, sabia que havia me comprometido com 6 anos de curso, que obviamente incluiriam escolhas que influenciariam o trabalho pelo qual optaria no futuro, mas isso fazia a perspectiva de o mundo profissional parecer um tanto quanto distante. Porém, o último ano chegou e trouxe com ele um sentimento misto em meu coração: a esperança se misturava com o medo. O mercado de trabalho me gera medo, pois existe dentro de mim uma crença, errada, de que a minha vida depende do meu sucesso na minha carreira profissional. Onde você coloca sua esperança, ali está sua confiança. Sem ter uma certeza sobre o que eu gostaria de fazer, a ansiedade tomou conta de mim, pois via o controle da situação escapar por dentre os meus dedos. A minha confiança estava em algo volúvel e frágil.

Mas onde deveria estar então a minha confiança? Pedro nos mostra que a rocha inabalável sobre a qual eu devo colocar a minha esperança é a ressurreição de Cristo. Uma verdade imutável, na qual podemos nos apoiar totalmente, pois não depende de nós, mas da misericórdia de Deus. A nós só nos cabe a fé na obra de Cristo. Assim, nada poderá nos tirar tal esperança, visto que "Deus [nos] protege com seu poder até que [recebamos] essa salvação, pronta para ser revelada nos últimos tempos" (1 PEDRO 1:5).

Isso, no entanto, não quer dizer que não haverá dificuldades. Elas podem aparecer como um "não" para o tão sonhado estágio, uma falta de respostas, uma quebra de expectativas quanto à sua escolha profissional ou até a indecisão sobre o que fazer. Mas suportem tudo isso, para a glória de Deus; porque a nossa alegria está exatamente na esperança viva: Cristo. Essa alegria duradoura é o que nos dará a força no momento da aflição. Não podemos gerir as circunstâncias, mas a nossa confiança deve estar naquele que detém as rédeas da história, Aquele que a está escrevendo. Por isso, descanse!

QUESTÕES PARA DEBATE

1. O que vem a sua mente quando você pensa no mercado de trabalho?
2. No que você tem colocado a sua confiança, e consequentemente, a sua esperança?
3. Como na prática você pode olhar para o mercado de trabalho com esperança e sem medo?

ORAÇÃO

*Senhor Jesus, pedimos-te que Tu venhas até o nosso coração
e nos enchas com o Teu amor que lança fora todo medo.
Pedimos-te, também, que o Senhor seja a nossa rocha firme onde
depositamos a nossa esperança. Livra-nos, Pai, de colocarmos
a esperança em nossa própria vaidade ou em qualquer outra coisa efêmera.
Queremos confiar somente em ti! Em Teu poderoso nome oramos. Amém!*

JENNIFER BOEING
Medicina — Universidade Positivo

ANOTAÇÕES

SEMANA 09

O DIA DE AMANHÃ

Refletir sobre o futuro pode ser um tanto assustador, mas hoje quero o encorajar a pensar no dia de amanhã de outra forma.

ONDE ENCONTRAR NA BÍBLIA?

FILIPENSES 1:6

Tenho certeza de que aquele que começou a boa obra em vocês irá completá-la até o dia em que Cristo Jesus voltar.

ISAÍAS 46:10

Só eu posso lhes anunciar, desde já, o que acontecerá no futuro. Todos os meus planos se cumprirão, pois faço tudo que desejo.

SALMO 31:15

Meu futuro está em tuas mãos...

FALANDO SOBRE O ASSUNTO

No evangelho de Lucas, há um relato ordenado dos feitos de Jesus. Um dos primeiros registros que encontramos ali é o de Jesus entrando na casa de Simão Pedro, e estando a sogra dele enferma, o Senhor a curou (4:38-39). Em seguida, Lucas relata que havia dois barcos com pescadores que, após uma noite inteira de árduo trabalho, nada pescaram. Eles estavam exaustos e frustrados, e dentre os dois barcos, Jesus escolheu o de Simão. O Senhor entrou na casa e no barco de Pedro, pois contemplava o futuro de Pedro. Jesus foi até onde Pedro habitava e trabalhava porque queria levá-lo ao seu destino.

Aquele era um dia de fracasso, apenas mais um dia entre tantos. Provavelmente a visão de Pedro sobre si mesmo para todos os seus anos seguintes o levava sempre ao mesmo lugar: ele certamente acreditava que passaria a vida inteira como um simples pescador! Porém, quando Jesus olhava para Simão, desde o primeiro momento, Ele não via o Simão pescador, rude, de trato difícil e atitudes impensadas. O Senhor via Pedro em Pentecostes, Ele via a sombra de Pedro curando doentes, Ele via Pedro na casa de Cornélio levando a mensagem da salvação àquela família, Ele via Pedro ressuscitando mortos em Seu nome, Ele via Pedro curando paralíticos! Jesus também viu Pedro negando-o, desistindo de ser quem o Mestre o chamara para ser e voltando ao seu velho ofício. Entretanto Jesus não desiste, pois Ele sabe que precisamos fazer travessias em nosso interior e voltar. Ele nos vê andando e atravessando mares de frustrações, de perdas, de incapacidades, de desistência e muito mais, mas não apenas isso: Ele mesmo se achega a nós para atravessá-los conosco.

Jesus sempre nos vê no lugar que o Pai planejou para nós, não importa onde estejamos hoje! Ele veio nos buscar para nos restaurar e nos levar de volta ao seu bom e perfeito caminho. Jesus já o contempla cruzando a linha de chegada neste exato momento, por isso Ele não desistirá de ir ao seu encontro. Ele o conduzirá ao melhor lugar que você poderá estar!

Pedro jamais poderia imaginar tudo que Ele viveria depois que Jesus entrou em sua casa e no seu barco. E você também não tem como imaginar o que Deus fará em sua vida, pois quando Jesus entra em sua vida, aparentemente comum, abre espaço para sua verdadeira e inimaginável história.

O Deus que escolheu Pedro, também escolheu você para uma vida infinitamente além dos seus maiores sonhos. Paulo afirma: "Toda a glória seja a Deus que, por seu grandioso poder que atua em nós, é capaz de realizar infinitamente mais do que poderíamos pedir ou imaginar" (EFÉSIOS 3:20). Tudo é para a glória de nosso Pai, então continue, pois Ele tem o futuro em Suas mãos.

QUESTÕES PARA DEBATE

1. Quando olha para o futuro, para o dia de amanhã, o que você vê? Por quê?
2. O que você imagina que Deus enxerga como seu futuro?
3. Ao considerar o exemplo de Pedro, de que forma ele o encoraja?

ORAÇÃO

Senhor, hoje, independentemente do lugar exato em que me encontro na caminhada cristã, a despeito da estação pela qual estou passando, eu quero ser levada ao lugar certo, quero ser conduzida para onde o Senhor quer que eu esteja. Creio que o dia de amanhã pertence ao Senhor e quero somente ouvir a Tua voz e caminhar na direção que Tu me chamaste para estar. Entrego a ti, Senhor, o meu caminho e os meus passos. Pai, que a Tua vontade seja feita em mim. Em nome de Jesus. Amém!

DIANA AIRES
Direito — IMEC

ANOTAÇÕES

O AGRO REVELA A GLÓRIA DE DEUS

SEMANA 10

ONDE ENCONTRAR NA BÍBLIA?

JOÃO 15:1-5

Eu sou a videira verdadeira, e meu Pai é o lavrador. Todo ramo que, estando em mim, não dá fruto, ele corta. Todo ramo que dá fruto, ele poda, para que produza ainda mais. Vocês já foram limpos pela mensagem que eu lhes dei. Permaneçam em mim, e eu permanecerei em vocês. Pois, assim como um ramo não pode produzir fruto se não estiver na videira, vocês também não poderão produzir frutos a menos que permaneçam em mim. Sim, eu sou a videira; vocês são os ramos. Quem permanece em mim, e eu nele, produz muito fruto. Pois, sem mim, vocês não podem fazer coisa alguma.

Deus colocou o homem no jardim do Éden com a missão de cultivar e guardar esse lugar (GÊNESIS 2:15), exercendo a função de dominar sobre a criação e constituir uma família com sua mulher. Antropologicamente, acredita-se que a agricultura foi a chave que possibilitou a transição do nomadismo para os acampamentos, vilas e cidades. Em toda e qualquer cultura, em qualquer tempo e lugar, a agricultura é capaz de ser compreendida, pelo simples fato de necessitarmos de alimentos. Isso torna ainda mais especial a narrativa de Cristo em João 15, pois Jesus revela quem Ele é, quem o Pai é, e quem somos nele. Logo, essa é mais uma área que aponta para Cristo.

Com a sábia ilustração da videira, o Senhor se fez entender através dos séculos, como a Fonte de toda a vida para e em nós.

FALANDO SOBRE O ASSUNTO

Como agrônoma, penso que esse exemplo fornecido por Jesus é profundo e fantástico. As plantas, de uma forma maravilhosa, são capazes de transformar luz e água em açúcares, amido, proteínas e outros compostos que tornam possível a sobrevivência de animais e seres humanos, fungos e bactérias, insetos e aves. A partir da fotossíntese, um universo de cores, formas, sabores e funções é gerado, e quanto mais eu me aprofundo nisso, ainda mais glorifico a Deus por Sua gloriosa criação.

Da mesma forma Jesus, como Fonte de Vida, transforma tudo aqui que não tem valor nem sentido, tudo aqui que carece de propósito, em algo frutífero para Sua glória. De forma profundamente sábia, Ele nos torna dependentes da Vida que flui dele, e somente dele, para que ninguém seja soberbo em relação ao fruto que produz. Quando permanecemos conectados a Cristo, damos frutos, e frutos que permanecem, sem jamais supor que algo dessa Vida veio de nós, já que somos simples ramos. Ele é a Fonte!

QUESTÕES PARA DEBATE

1. De que maneira posso usar a Fonte de Vida para gerar vida no ambiente em que estou inserido?
2. Você compreende que não temos mérito algum em todo o processo de frutificar? Qual verdade bíblica o ampara em sua resposta?
3. Você percebe o Senhor nos detalhes que compõem a sua área de atuação ou estudo? De que forma?

ORAÇÃO

Senhor, agradeço-te pela criação do solo e por nos permitir cultivar e cuidar dele. Peço perdão, por mim e por meus irmãos, pelo mau uso daquilo que o Senhor tem colocado em nossas mãos para cuidar. Peço que me ajudes a compreender junto com os meus irmãos o quão importante é reconhecer que Tu és a Fonte de vida e que não há outras, pois do mesmo modo que criaste tudo que existe, Tu manténs tudo com vida. Agradeço-te, Senhor, pelo Teu imenso amor e cuidado.
Em nome de Jesus. Amém!

BRUNA SANTOS
Pós-graduação em Ciência do Solo — Jesus na UFPR Agrárias

ANOTAÇÕES

SEMANA 11

CUIDADO COM AS PALAVRAS

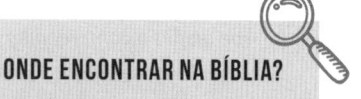

"**M**uito barulho", o que geralmente faz muito barulho é lata vazia. Esse tipo de barulho, de uma lata vazia, apenas aumenta e se acentua, no entanto nada acrescenta. É dessa forma que descrevo todos aqueles que não estão dispostos a se sentar para ouvir e aprender, mas estão sempre prontos a discutir de maneira vã. O Senhor foi misericordioso conosco, nos dotando com palavras, e por vezes as usamos de forma errônea e violenta contra os outros. Assim, ao invés de edificarmos outros a partir do nosso aprendizado constante em Cristo, acabamos tendo prazer em destruir. Diante dessa constatação, conversaremos sobre o bom uso de nossas palavras e discursos para levar Jesus — que é a própria Palavra encarnada — ao coração daqueles que anseiam por mais do Verbo vivo.

ONDE ENCONTRAR NA BÍBLIA?

PROVÉRBIOS 18:2
O tolo não se interessa pelo entendimento; só quer saber de expressar suas opiniões.

JOÃO 1:1-4
No princípio, aquele que é a Palavra já existia. A Palavra estava com Deus, e a Palavra era Deus. Ele existia no princípio com Deus. Por meio dele Deus criou todas as coisas, e sem ele nada foi criado. Aquele que é a Palavra possuía a vida, e sua vida trouxe luz a todos.

FALANDO SOBRE O ASSUNTO

- **Antes de falar, aprenda com a Bíblia!**

    Algo muito importante que a Bíblia nos chama atenção é sobre buscar a sabedoria e o discernimento no Senhor. Um dos livros bíblicos que mais nos alerta quanto a isso é Provérbios, apresentando inúmeros conselhos buscando instruir seus leitores a decisões sábias. Contudo, é necessário parar, ouvir e aprender da Bíblia, para então colocar seus ensinamentos em prática. Esse mesmo livro poético faz constantemente referências aos que são tolos e insensatos, visto que estes não buscam entendimento, mas agem de forma irrefletida. Se hoje, você perceber que suas atitudes e discursos o classificam como um tolo, saia desse lugar, e se você não compreende como poderia fazer isso, aconselho você a iniciar esse aprendizado na Palavra de Deus. Não é à toa que a Bíblia é a Palavra de Deus, pois, além de ser o manual para fé e prática, também é um guia para orientá-lo em como expressar suas opiniões de maneira sábia. Caso você não saiba por onde começar, deixo aqui estas dicas: invista um tempo em Provérbios, reflita sobre os ensinamentos ali trazidos e se aproxime de pessoas que possam orientar você sobre como ler a Bíblia e buscar por mais do Senhor em Sua Palavra.

- **Fale a Palavra de Deus**

    Se você já compreende o valor de suas palavras e que o foco deve ser o aprendizado no que a Bíblia diz, busque agora de maneira intencional viver a Palavra de Deus. Uso a palavra "intencional", visto que naturalmente vivemos no pecado e precisamos fazer um esforço contrário para de maneira intencional viver o que a Bíblia nos ensina. Ao viver a Palavra de Deus, você a compartilhará de diferentes formas: no olhar, no toque, no amar, no ouvir e, também, no falar. Pronuncie as palavras de vida eterna, pois Cristo é a própria Palavra que gera verdadeira vida; não despreze o poder que existe nela. Lembre-se de que Jesus é o Verbo vivo, Ele é a própria Palavra de Deus encarnada. Assim, a partir do momento em que você entrega sua vida a Ele, sua vida também passará a ser lida e ouvida por outros a sua volta. Expresse Jesus em sua vida, a Palavra viva!

QUESTÕES PARA DEBATE

1. De que forma as palavras, com as quais você se expressa, definem sua vida para aqueles que o rodeiam?
2. Você busca orientação na Bíblia? Quais são os trechos que mais tem afetado sua caminhada cristã? Por quê?
3. De que maneiras sua vida tem expressado Jesus, a Palavra viva?

ORAÇÃO

Senhor, peço perdão pelo uso inadequado de minhas palavras, por não prestar atenção a cada expressão que ofende o Teu nome. Purifica meus lábios impuros, e que eu possa sempre proclamar a Palavra de vida eterna que é Jesus. Em nome do Teu filho. Amém!

JÉSSICA PAVANELO
Letras Português/Inglês — UTFPR em Cristo

ANOTAÇÕES

CRISTO X CULTURA

SEMANA 12

ONDE ENCONTRAR NA BÍBLIA?

COLOSSENSES 1:16
Pois, por meio dele, todas as coisas foram criadas, tanto nos céus como na terra, todas as coisas que podemos ver e as que não podemos, como os tronos, reinos, governantes e as autoridades do mundo invisível. Tudo foi criado por meio dele e para ele.

1 CORÍNTIOS 10:31
Portanto, quer vocês comam, quer bebam, quer façam qualquer outra coisa, façam para a glória de Deus.

Por muito tempo os cristãos tiveram — e ainda têm — medo de se envolver com a cultura por a considerarem como algo "secular"; assim seria necessário que o cristão se afastasse dela para que não viesse a correr o risco de se desviar dos caminhos do Senhor. Porém, se olharmos para a Bíblia como um todo, encontraremos exemplos de servos de Deus chamados por Ele especificamente para se inserirem no fazer cultural. Estes não tinham o objetivo de dominar cada área cultural e social, mas tinham como propósito refletir a imagem de Deus onde quer que estivessem. Cristo deseja redimir a cultura!

FALANDO SOBRE O ASSUNTO

Sagrado x secular

O primeiro passo para entender que Cristo não se opõe à cultura é destruir o dualismo "sagrado ou secular". Como vimos em Colossenses 1:16, tudo foi criado por meio de Deus e para Ele! Por muito tempo aceitamos esse dualismo devido ao fato de o termo "sagrado" estar intimamente ligado ao que é tido como santo e o termo "secular", além de se referir a século, ser considerado como algo profano. Porém, se olharmos para tudo com essa ótica dualista perceberemos que tudo, absolutamente tudo, foi manchado pelo pecado; inclusive algumas práticas que consideramos sagradas.

Grande parte da cultura não é explicitamente dedicada a Deus, porém, de alguma forma ela aponta para Deus (compreendemos isso mediante o conceito de graça comum[1]). Se ela aponta para Deus, é nosso papel como cristãos nos envolvermos com ela e dedicarmos tudo que fizermos ao Senhor.

Redenção da cultura

Sabemos que nenhuma área da sociedade e da cultura será plenamente redimida até que Cristo volte, porém é nosso papel sermos sal e luz nos lugares onde estamos inseridos, além disso, de fato somos capacitados a redimir a cultura, mesmo que de forma inicial. Ser, falar e praticar as boas-novas é a ordem que Jesus deixou para que cumpríssemos, por isso, devemos fazer com que toda obra cultural seja uma doxologia (maneira de expressar honra, louvor e glória a Deus). Apesar de muitos cristãos acreditarem que qualquer produção cultural feita por um cristão deva ter um objetivo evangelístico, uma obra cultural deve ser um meio de glorificar a Deus, podendo ou não ter um foco evangelístico. Francis Schaeffer em seu livro *A arte e a Bíblia* (Ed. Ultimato, 2010), disse:

> "A arte e a ciência têm um lugar na vida cristã — não são periféricas. Para o cristão, redimido pela obra de Cristo e que vive segundo as normas das Escrituras e sob a liderança do Espírito Santo, o senhorio de Cristo deve incluir o interesse pela arte. O cristão deve usar a

---

[1] A chamada *graça comum* explica a benevolência de Deus demonstrada indistintamente tanto ao crente quanto ao incrédulo, conforme o exemplo citado por Cristo em Mateus 5:45. Ela não deve ser confundida com a *graça salvadora*, pois esta refere-se exclusivamente aos que se tornam filhos de Deus por meio da fé em Cristo (JOÃO 1:12).

arte para glorificar a Deus, não simplesmente como propaganda evangelística, mas como algo belo para a glória de Deus. Uma obra de arte pode ser, em si, uma doxologia."

O que Schaeffer disse sobre arte também deve ser aplicado a qualquer obra cultural. Por isso, um cristão chamado para influenciar a cultura deve expressar a beleza das coisas criadas por seu Criador a fim de que outras pessoas vejam a beleza de quem Deus é.

QUESTÕES PARA DEBATE

1. Como você entende o dualismo "sagrado ou secular"? Você consegue enxergar o mundo a partir de uma cosmovisão bíblica? Justifique.
2. Se você foi chamado por Deus para alguma área cultural, como suas obras podem ser doxologias?
3. Na universidade há espaço para produções culturais feitas por cristãos? Por quê?

ORAÇÃO

Senhor, perdoa-nos por termos negligenciado a cultura por tanto tempo. Ajuda-nos a sermos sal e luz onde Tu nos plantaste! Não nos deixes cair na tentação de criarmos algo para a nossa glória e não para a Tua. Ensina-nos, Senhor, a criarmos por meio da cultura aquilo que revela o Teu coração. Que venhamos a produzir obras culturais dignas de prestígio mundial para que Tu sejas glorificado! Que tudo o que realizarmos seja para engrandecer o Teu nome e fazer com que Tu sejas conhecido por intermédio de nós! Em nome de Jesus. Amém!

JOÃO RECH
Psicologia — Dunamis Pockets PUCPR

SEMANA 13

SEJA A FEITA A MINHA VONTADE

Você já fez algo um pouco diferente do que lhe foi direcionado, pensando em estar fazendo o certo, e as coisas não acabaram bem? Muitas vezes pedimos a direção de Deus, mas ao recebermos a resposta dele queremos dar um jeitinho, ou uma aprimorada, naquilo que Ele nos direcionou a fazer. Seja em situações na família, na faculdade ou nos relacionamentos, deixamo-nos levar pela nossa justiça própria, por aquilo que pensamos que será melhor e revelamos um coração que não depende totalmente do Senhor. Assim, as nossas decisões acabam sendo mais influenciadas pelo meio do que por Deus, revelando resquícios de rebeldia em nós, e acabamos por sofrer as consequências dos nossos atos.

ONDE ENCONTRAR NA BÍBLIA?

NÚMEROS 20:8

"Você e Arão, peguem a vara e reúnam todo o povo. Enquanto eles observam, falem àquela rocha ali, e dela jorrará água. Vocês tirarão água suficiente da rocha para matar a sede de toda a comunidade e de seus animais".

vv.11-12

*Então Moisés levantou a mão e bateu na rocha duas vezes com a vara, e jorrou muita água. Assim, toda a comunidade e todos os seus animais beberam até matar a sede. O S*ENHOR*, porém, disse a Moisés e a Arão: "Uma vez que vocês não confiaram em mim para mostrar minha santidade aos israelitas, não os conduzirão à terra que eu lhes dou!".*

FALANDO SOBRE O ASSUNTO

O povo estava no deserto sem água há um tempo, mas já tinham desfrutado de muitos milagres incríveis de Deus, e mesmo assim começaram a reclamar e a pressionar Moisés. Eles tinham visto tantas coisas vindas do Eterno e, mesmo assim, não confiavam totalmente nele.

Comece certo, buscando a direção do Senhor

Moisés começou certo: buscou a Deus diante da pressão do povo e recebeu direção. Quando buscamos a Deus, podemos ter a confiança de que não estaremos perdidos, pois mesmo em momentos difíceis, de alguma forma, Ele sempre indica o caminho e revela Seu propósito na situação.

Tal revelação pode vir de várias maneiras, mas para isso nós precisamos nos relacionarmos com Deus, investir tempo em oração e na leitura de Sua Palavra, além de estar perto de pessoas sábias que podem nos ajudar a discernir a Sua voz.

Precisamos aprender, de fato, a confiar totalmente no Senhor. Crer que Ele sempre trará provisão, lembrando de que o nosso Deus nunca falha.

Submeta-se à vontade de Deus

Moisés cometeu um grande erro quando deixou que as atitudes do povo influenciassem seus sentimentos e ações, a ponto de seu coração ser tomado por ira e justiça própria. Ele não se submeteu às simples e específicas orientações de Deus, mas agiu do seu próprio jeito. Quis dar um "toque pessoal" e usou a ocasião para fazer o que queria: expressar sua ira, julgamento sobre um povo desobediente e murmurador.

Ao espancar a rocha para extravasar sua ira, ele tentou demonstrar poder, porém revelou um coração cheio de autossuficiência, ainda arrogante e tão rebelde quanto o do povo. Deus ainda teve misericórdia de Moisés e do povo, e fez com que brotasse água da rocha, contudo Moisés sofreu pesadas consequências, pois ele não entrou na Terra Prometida. Na tentativa de ajudar a Deus, revelou que não tinha fé suficiente para fazer com que o povo reconhecesse o poder do Todo-Poderoso. Ele fez algo pensando estar certo, mas estava totalmente errado, fez o que parecia ser certo aos seus olhos, mas não segundo a vontade de Deus.

Faça uma análise de como está sua confiança e obediência a Deus, renove sua mente e escolha se despir da sua justiça própria e arrogância. Permita-se assim ser transformado para viver plenamente as promessas de Deus.

QUESTÕES PARA DEBATE

1. Se você estivesse no lugar de Moisés, o que você faria?
2. Você tem algum exemplo de alguma situação em sua vida na qual você tentou ajudar a Deus e se deu mal? Qual?
3. Como podemos identificar se estamos nos desviando da vontade de Deus ou entrando em rebeldia? O que fazer para confiar totalmente em Deus?

ORAÇÃO

Deus, perdoa-nos pela arrogância e justiça própria que permeiam nosso coração, e por todas as vezes que tentamos agir por nós mesmos e deixamos de confiar no Senhor. Leva-nos ao lugar onde possamos ouvir com clareza a Tua voz e dá-nos um coração obediente pronto a seguir a Tua direção, lembrando-nos sempre que Tua vontade é boa, perfeita e agradável. Em nome de Jesus. Amém!

LUCAS SILVA
Engenharia Elétrica — Jesus na UFPR/Time REDE

PROBLEMA DE MEMÓRIA

SEMANA 14

ONDE ENCONTRAR NA BÍBLIA?

ISAÍAS 64:8
Apesar de tudo, ó Senhor, és nosso Pai. Nós somos o barro, e tu és o oleiro; somos todos formados por tua mão.

1 JOÃO 3:1
Vejam como é grande o amor do Pai por nós, pois ele nos chama de filhos, o que de fato somos! Mas quem pertence a este mundo não reconhece que somos filhos de Deus, porque não o conhece.

Calma! Este devocional não é sobre problemas neurocognitivos, mas sobre nosso constante esquecimento de algo essencial à vida de um cristão: a paternidade de Deus. Existem muitos riscos quando nos esquecemos da paternidade de Deus, mas especificamente existe um que nos escraviza: o da busca por aprovação alheia.

FALANDO SOBRE O ASSUNTO

Se você está lendo este devocional, provavelmente você seja um filho de Deus. O apóstolo João afirmou: "Mas, a todos que creram nele e o aceitaram, ele deu o direito de se tornarem filhos de Deus" (JOÃO 1:12). Quando somos encontrados pela paternidade de Deus, tudo muda. Independentemente de nosso pai terreno ter sido bom ou ruim, um simples vislumbre do Pai Eterno é capaz de penetrar tão profundamente em nosso coração fazendo com que jamais sejamos os mesmos. Porém, como diria um amigo meu: "O problema principal do cristão é o esquecimento"; esquecemo-nos com frequência de quem Deus é e do que Ele já fez por nós. Quando nos esquecemos da paternidade de Deus, consequentemente esquecemos de buscar sua aprovação.

Em Mateus 18:3, Jesus disse que se não nos tornarmos como crianças, não entraremos no Seu Reino. Uma criança sempre busca a aprovação de seu pai em tudo que faz. Dessa maneira, precisamos ser como crianças e sempre buscarmos a aprovação do nosso Pai. Se não buscarmos a Deus e Sua aprovação, buscaremos a aprovação alheia; ela, por sua vez, nos escravizará, visto que sempre teremos o sentimento estarmos "em falta" com ela.

Esse assunto é de extrema importância para todos os universitários, pois se esquecermos da paternidade de Deus, as ideologias presentes na universidade estarão de braços abertos nos esperando. Quando trocamos a busca pelo sorriso de Deus pela busca por aprovação das pessoas, é questão de pouco tempo para que nos desviemos do caminho do Senhor. Sendo assim, apeguemo-nos esta declaração do apóstolo Paulo: "Pois vocês não receberam um espírito que os torne, de novo, escravos medrosos, mas sim o Espírito de Deus, que os adotou como seus próprios filhos. Agora nós o chamamos 'Aba, Pai', pois o seu Espírito confirma a nosso espírito que somos filhos de Deus" (ROMANOS 8:15-16). Que jamais venhamos a nos tornar escravos da aprovação das pessoas, mas que sempre procuremos a aprovação do nosso Pai celestial!

QUESTÕES PARA DEBATE

1. Você tem se esquecido da paternidade de Deus? Se sim, de maneira prática, o que acredita que deve fazer para que venha a se lembrar dela constantemente?
2. Você tem vivido sob a aprovação do seu Pai ou das pessoas? Por quê?
3. Além do risco de cair na escravidão da aprovação alheia, quais outros riscos corremos quando nos esquecemos da paternidade de Deus?

ORAÇÃO

Pai, perdoa-nos por todas as vezes que esquecemos da Tua paternidade! Perdoa-nos se tornamos a aprovação das pessoas mais importante do que a Tua para nós. Espírito Santo, ajuda-nos a lembrar da paternidade de Deus todos os dias. Que escolhamos viver sob a Tua atenção, Senhor! Em nome de Jesus, amém!

JOÃO RECH
Psicologia — Dunamis Pockets PUCPR

ANOTAÇÕES

SEMANA 15

BRIGAS

Quem nunca sonhou que poderia salvar o mundo — ou ao menos fazer algo que trouxesse paz para dentro de casa? Quando pequenos não percebemos a dimensão dos problemas e o porquê de eles acontecerem. Tive muitos momentos de conflitos em minha adolescência, alguns deles por tentar resolver os conflitos internos dentro de minha casa; eu presenciei meus pais discutindo e brigando por assuntos que eu nem mesmo entendia e sempre me questionava se eu poderia resolvê-los. Quando amadureci e me converti, eu pude entender um pouco desses conflitos e compreender que muitos deles servem para o nosso crescimento e amadurecimento. Na Bíblia temos um ótimo exemplo para compreendermos como brigas e discussões podem nos trazer crescimento: a vida de José. Refletiremos também sobre como Deus é o mesmo em todo o tempo; mesmo quando Ele não nos livrar de uma situação difícil, continuará sendo o Senhor da nossa vida.

ONDE ENCONTRAR NA BÍBLIA?

PROVÉRBIOS 26:20
Sem lenha, o fogo apaga; sem intrigas, as brigas cessam.

JOÃO 16:33
Eu lhes falei tudo isso para que tenham paz em mim. Aqui no mundo vocês terão aflições, mas animem-se, pois eu venci o mundo.

FALANDO SOBRE O ASSUNTO

Os dois versículos em destaque trazem uma abordagem muito importante para o nosso tema. O primeiro nos mostra como lidar em momentos de discussões e brigas, enquanto o nos revela que Deus é o único que pode mudar o nosso entendimento e nos trazer paz após uma briga.

Como reagir às brigas

A história de José nos ensina que mesmo em um ambiente onde há exemplos negativos, como os irmãos dele, é possível sobreviver ainda que sem apoio. A Bíblia nos mostra com a vida de José que, a despeito do ambiente de muito ciúme e ódio no qual ele vivia, Deus estava presente para ajudá-lo (GÊNESIS 37:4-11).

José não queria ir para uma terra estrangeira, mas seus irmãos que o venderam como escravo e assim ele foi parar no Egito (GÊNESIS 37:28). O ódio de seus irmãos por ele, além de estabelecer tal situação, ainda os levou a mentir para o pai deles, Jacó. Eles contaram para o pai que José tinha sido morto por um animal, o que trouxe grande tristeza e luto para Jacó (vv.31-35).

No Egito, primeiramente, José serviu como escravo, conquistando a confiança de seu senhor Potifar com o tempo, mas, por conta de uma mentira, foi depois considerado traidor e lançado na prisão (GÊNESIS 39). Mesmo no cárcere "o SENHOR estava com [José] e lhe dava sucesso em tudo que ele fazia" (v.23). Deus direcionou todas as coisas para que, na ocasião oportuna, José se tornasse governador do Egito (GÊNESIS 41:39-44) e viesse a perdoar seus irmãos quando estes foram até o Egito em busca de comida (GÊNESIS 42 E 45). A mensagem que Deus nos traz por meio da vida de José é: não importa o tamanho da sua dificuldade, pois se você é temente a Deus, Ele o guiará à Sua boa perfeita e agradável vontade.

Deus é o único caminho

A vida pode nos levar a situações como as de José, onde exemplos negativos podem nos afetar, contudo vale lembrar de que "o SENHOR estava [sempre] com José" (GÊNESIS 39:2), e com isso as intrigas e as brigas podem perder o sentido para nós. Assim como José, precisamos confiar totalmente em nosso Deus, pois Ele é o único caminho, é o Senhor quem molda o nosso caráter e nos faz melhores a cada dia. Muitas vezes o desconfortável é necessário para crescermos e amadurecermos em Deus.

José foi um desses homens que passou por adversidades que poderiam o deixar para baixo e fazê-lo desistir de sua vida e de sua fé, mas Deus estava com José e ele confiava no Senhor.

QUESTÕES PARA DEBATE

1. Você tem exemplos negativos ao seu redor? De que forma você tem lidado com eles?
2. Você pensa em Deus quando vê alguém brigando ou quando está brigando com alguém? Que diferença isso traz aos resultados?
3. Quais hábitos Deus mudou em você depois que se converteu a Ele?

ORAÇÃO

Deus, cria em mim um coração mais sensível ao Espírito Santo. Mostra-me, Senhor, o verdadeiro caminho, e que eu possa ser como José: enfrentar com Deus, primeiro, meus próprios conflitos a fim de conseguir lidar com os demais que se instauram ao meu redor, seja na família ou em outros ambientes. Que a dificuldade não seja maior que o meu Deus, e que por meio da minha vida, pessoas possam conhecer o verdadeiro caminho. Em nome de Jesus. Amém!

DANIEL MARTINEZ
Agronomia — Move UTP

SAÚDE MENTAL

SEMANA 16

ONDE ENCONTRAR NA BÍBLIA?

1 SAMUEL 16:7

O Senhor, porém, disse a Samuel: "Não o julgue pela aparência nem pela altura, pois eu o rejeitei. O Senhor não vê as coisas como o ser humano as vê. As pessoas julgam pela aparência exterior, mas o Senhor olha para o coração".

SALMO 17:8

Protege-me, como a menina de teus olhos; esconde-me à sombra de tuas asas.

A saúde mental de uma pessoa está relacionada à forma como ela reage às situações e exigências da vida, e também a como ela concilia seus desejos, capacidade, sonhos, metas etc. A saúde mental diz respeito a estar bem consigo mesmo, enxergar-se de uma forma leve, ter sonhos e metas para seguir a vida de forma racional e emocional. O racional leva o indivíduo a entender o que se deve fazer e aquilo que quer fazer, já o emocional lida muito com as reações a situações inesperadas. Esse tema é muito debatido na psicologia, porém no meio cristão não tem sido visto com a mesma importância. É preciso que se leve a sério a saúde emocional com Jesus. O Senhor sempre leva os Seus seguidores a se enxergarem da forma como o Criador os enxerga, a agirem e a reagirem da forma que Jesus agiria.

FALANDO SOBRE O ASSUNTO

Pode-se trazer três pontos para falar sobre saúde emocional do ser humano: a forma como a pessoa se enxerga, como age e como reage. Tais pontos falam muito sobre quem tem sido o referencial do indivíduo, pois quando alguém coloca Jesus como sua referência ela sempre buscará agir e ver como Jesus. Obviamente, nunca alguém será igual a Jesus, mas a busca por tornar-se mais parecido com Ele deve ser constante. A pessoa começa a procurar não apenas a agir como Jesus agiria, mas também a se enxergar como Jesus a vê. Não se trata apenas da maneira de enxergar o mundo, mas sim como enxergar a si mesmo.

Outro ponto a se levar em consideração é a forma como agir nas situações que exigem uma saúde emocional estável, como em conflitos, desafios, frustrações etc. Com Jesus em sua vida, a pessoa consegue olhar tais situações a partir da ótica do Reino. Assim, situações de desconforto não a "quebrarão", pois ela será levada a se abrigar na presença de Deus, onde as brigas não a fazem "explodir", e será encorajada a espalhar o amor de Cristo. A saúde emocional no cristão traz a dependência em Jesus, onde a pessoa busca sentir o que precisa ser sentido, porém com Cristo ao seu lado.

A reação das pessoas às situações difíceis pode demonstrar como ela está em e com Deus, como ela tem sido exposta aos dons do Espírito Santo. A saúde emocional trata muito sobre isso, se a reação inesperada expressa o reino de Deus ou não. Quando falamos de ação, nos referimos a algo pensado e planejado, o que torna mais fácil ter a atitude correta. Porém a reação não é algo planejado: ela demonstra a real intenção da pessoa, revela aquilo que há dentro dela, seja saudável ou não. Vale lembrar que a forma como a pessoa age ou reage não muda como Deus a vê ou altera Seu amor por ela, pois Ele nunca baseou o Seu amor na correspondência ou na performance dela. O ser criado não busca ser saudável emocionalmente para que Deus o ame, mas busca ser saudável para demonstrar o resultado desse amor em sua vida, e compartilha esse amor a outras pessoas por meio de seu estilo de vida, pelo testemunho manifestado.

QUESTÕES PARA DEBATE

1. Como você se enxerga? Será que a visão de Deus é a mesma que a sua?
2. Suas ações e reações tem espalhado o amor de Cristo? Em que você precisa melhorar?
3. Seu domínio próprio está agradando a Deus? O que o leva a crer nisso?

ORAÇÃO

Deus, ensina-me a enxergar como Tu me enxergas, que eu use a ótica do Teu Reino para me ver "como a menina de teus olhos" (Salmo 17:8). Ajuda-me a corrigir minha visão tão deturpada pelo mundo. Deus, que as minhas ações e os meus sentimentos sejam inspirados por ti. Possam as minhas ações espalhar o Teu amor e Tua mansidão. Sei que tenho falhado nisso, pois minha carne é fraca. Contudo, com o Senhor, eu sei que posso melhorar. Agradeço-te por tudo que tens feito em mim! Em nome de Jesus. Amém!

LEONARDO ARAUJO
Psicologia — One UNIFAESP

ANOTAÇÕES

SEMANA 17

COMPARAÇÃO

É impossível que em toda existência algum ser humano não tenha se comparado a outro. Mesmo aquela pessoa com melhor autoestima, conscientemente ou não, já se comparou com seu semelhante. Esse sentimento pode impedir o homem de viver os planos de Deus para ele, ou por não crer na particularidade com a qual Deus o criou, ou por achar que ele é, na verdade, quem não é. Isso é algo que precisa ser cuidadosamente investigado para ser entregue aos pés da cruz. Viver feliz é viver livre de comparação.

ONDE ENCONTRAR NA BÍBLIA?

PROVÉRBIOS 3:7
Não se impressione com a própria sabedoria; tema o SENHOR e afaste-se do mal.

SALMO 139:13,17
Tu formaste o meu interior e me teceste no ventre de minha mãe.

Como são preciosos os teus pensamentos a meu respeito, ó Deus; é impossível enumerá-los!

FALANDO SOBRE O ASSUNTO

A comparação pode ser feita em diferentes aspectos. Pode ser feita de modo orgulhoso, quando alguém se compara a outro se sentindo superior, ou se colocando em uma posição inferior, desejando ser o outro. Ambas não são a vontade de Deus para o ser humano.

Sentimento de superioridade

O sentimento de superioridade revela a velha e caída natureza humana. Esse posicionamento mostra alguém que não enxerga seu irmão com os olhos do Senhor. Tal sentimento não é exclusivo aos que não conhece o Senhor, ele pode ser tão sutil que é preciso graça e intervenção de Deus para ser detectado.

A Palavra de Deus diz: "não se impressione com a própria sabedoria", alertando-nos quanto a um pensamento pode surgir ao comparar o seu conhecimento com o do outro. Neste mesmo texto o Senhor aconselha-nos a ficarmos longe do mal.

Você já percebeu quando esse sentimento começa a invadir sutilmente o seu coração? Pode ser quando você vê um irmão falhando em algo que você já venceu, ou quando se percebe mais dedicado que seu irmão na vida diária com Deus. São muitas as situações que expõem o velho coração a esse lugar de comparação. É preciso sondar a mente e o coração para entregar todo esse sentimento diante de Deus. Ele pode corrigi-lo.

Sentimento de inferioridade

Deus mente? A resposta certamente é não. Então por que às vezes você sente que tantos outros são melhores que você?

O salmista declara que o Senhor o teceu e o formou no ventre de sua mãe, ele reconheceu a maneira singular com a qual fora criado (SALMO 139:13-14). Portanto é preciso reconhecer isso sobre a sua vida. Deus fez você de modo admirável e único. Isso não quer dizer que você será bom em tudo, mas sim que tem características próprias. Cada um é diferente do outro, mesmo quando se exerce a mesma atividade.

A comparação só leva a pessoa a uma vida de infelicidade, pois quem se compara nunca estará satisfeito em ser quem deveria ser, tanto por não saber quem é, quanto por se comparar com os outros.

O segredo está em descobrir quem você é em Deus e em acreditar que Ele o criou com um propósito, e aquilo que ainda não está perfeito, Ele aperfeiçoará. O Senhor é fiel para completar aquilo que Ele mesmo começou.

QUESTÕES PARA DEBATE

1. Você se vê lutando com qual tipo de comparação: superior ou inferior? Ou se vê lutando com um pouco dos dois? De que forma isso se expressa?
2. Qual sua maior dificuldade em crer que Deus o criou de maneira especial e única?
3. O que você costuma fazer quando o sentimento de comparação invade seu coração?

ORAÇÃO

Senhor, perdoa-me por não dar o devido crédito ao que a Tua Palavra diz a meu respeito; perdão por outras vezes em que me senti superior ao meu irmão. Quero entender meu propósito e meu lugar aqui nesta Terra para que eu os cumpra em ti e não me compare mais. Desejo me alegrar por aqueles que são melhores do que eu em algumas atividades e quero ter a humildade de ensinar aqueles que ainda não são tão bons em outras. Que eu tenha o mesmo sentimento de Jesus, pois Ele não se gloriou em ser Deus. Mas viveu entre nós como um de nós, esvaziando-se de si mesmo (Filipenses 2:5-7). Que eu me satisfaça em ser quem o Senhor me chamou para ser e em ti somente. Que eu viva nas verdades que o Senhor diz sobre mim. Em nome de Jesus. Amém!

PAOLA YASMIN
Química — Jesus na UFPR

A ERA DA DESCONEXÃO SOCIAL

SEMANA 18

ONDE ENCONTRAR NA BÍBLIA?

GÁLATAS 1:10
Acaso estou tentando conquistar a aprovação das pessoas? Ou será que procuro a aprovação de Deus? Se meu objetivo fosse agradar as pessoas, não seria servo de Cristo.

LUCAS 10:27
O homem respondeu: "'Ame o Senhor, seu Deus, de todo o seu coração, de toda a sua alma, de toda a sua força e de toda a sua mente' e 'Ame o seu próximo como a si mesmo'".

O mundo é um emaranhado de distrações. Falo por mim mesma, não posso entrar em uma rede social que automaticamente me perco e, quando me dou conta, passei horas ali. Pequenas coisas, como o nosso celular, tiram a nossa atenção do nosso real objetivo: a eternidade! A tela do nosso celular não é a realidade, mas apenas um fragmento dela, uma pequena parte daquilo que presenciamos e que resolvemos postar. Contudo não é quem realmente somos. O fato é que estamos presos em performances das quais não queremos abrir mão!

FALANDO SOBRE O ASSUNTO

Há algum tempo, em meio a mais uma das minhas aulas na faculdade, deparei-me com esta fala do meu professor: "A nossa geração tem uma natureza infiel", e ele não está errado. Ele estava falando sobre o público que lê um determinado veículo noticioso e logo se cansa e parte para outra notícia, mas comecei a pensar no coração infiel do ser humano, de nós cristãos. Observando os dois versículos citados, podemos chegar a algumas conclusões sobre isso.

A aprovação

No contexto do Reino de Deus, ser uma geração infiel diz respeito a colocarmos o nosso coração em coisas que não agradam ao Senhor. Quando lemos em Gálatas 1:10 que não devemos buscar a aprovação das pessoas, é justamente sobre fidelidade que estamos lendo. O Senhor precisa estar em primeiro lugar em nossa vida, pois tudo aquilo que colocamos no lugar de Deus se transforma em um ídolo.

Como seres criados à imagem de Deus, somos seres sociais, buscamos estar em relacionamentos e buscamos a aprovação do outro; mas quando isso se torna o objetivo de nossa vida, colocamos outras coisas no lugar de Deus e nos tornamos suscetíveis à idolatria. Tratando-se das redes sociais, talvez a idolatria do "eu" seja a mais difundida, e é por isso que precisamos ficar atentos quanto ao nível de influência que sofremos ao estarmos conectados a elas.

Amar o próximo

Qual foi a última vez que você conversou com alguém e ouviu realmente o que essa pessoa estava falando? Estou falando de ouvir de verdade, compreender cada palavra e o contexto da história narrada sem estar com a cara na tela do celular!

Estar conectado à internet não é sinônimo de conexão social. O que eu quero dizer é que, no mundo em que vivemos, em que tudo é para ontem e realizamos diversas atividades ao mesmo tempo, é difícil estabelecer relacionamentos sólidos e verdadeiros entre indivíduos que conversam por meio de uma tela. Ao mesmo tempo em que você está lendo este texto, também está ouvindo a sua *playlist* favorita no *Spotify* e conversando com alguém; em qual dessas atividades você está realmente prestando atenção?

Deus nos fala que precisamos estar em comunhão, Ele não nos criou para vivermos isolados!

Não estou falando que devemos sair do mundo digital. Eu também gosto dele, pois é um lugar onde podemos nos conectar com pessoas que nem imaginávamos; porém ele não deve ser o nosso "mundo real". Conexões são mais bem estabelecidas com pessoas reais. Não abra mão disso, invista na comunhão presencial!

QUESTÕES PARA DEBATE

1. De que forma você pode usar as redes sociais de maneira saudável? Pense em métodos que você pode utilizar, como diminuir o tempo nas telas ou até mesmo para de seguir algumas pessoas que não edificam a sua vida.

2. Você tem o hábito de praticar a escuta ativa? Caso não, comece hoje a dedicar melhor o seu tempo às pessoas com que conversa, amando o próximo dessa forma.

3. Você dedica tempo na presença de Deus? Se desconectar do mundo para se conectar com Deus é a melhor coisa que um cristão pode fazer! Descreva algumas de suas experiências com Deus.

ORAÇÃO

*Deus, ajuda-nos a nos conectarmos mais a ti. Não nos deixes ser conduzidos pelas distrações do dia a dia que nada acrescentam às Tuas obras e ainda nos desviam de buscar o Senhor. Ajuda-nos a sermos fiéis a Tua Palavra e a não depositarmos nossa fé em homens com suas palavras cheias de pecado. Ajuda-nos, Pai, a amarmos o próximo e a nos conectarmos de maneira real e intencional com o nosso irmão. Ensina-nos a chorar com os que choram, a nos alegrarmos com os que se alegram e assim crescermos conectados como parte do corpo vivo de Cristo, que é a verdadeira conexão que precisamos.
É o que oramos. Em nome de Jesus. Amém!*

ISABELLE ALMEIDA
Jornalismo — Intervalo Vida PUCPR

ANOTAÇÕES

PRIORIDADE SEM PLURAL

SEMANA 19

ONDE ENCONTRAR NA BÍBLIA?

MATEUS 6:33
Busquem, em primeiro lugar, o reino de Deus e a sua justiça, e todas essas coisas lhes serão dadas.

MATEUS 6:24
Ninguém pode servir a dois senhores, pois odiará um e amará o outro; será dedicado a um e desprezará o outro. Vocês não podem servir a Deus e ao dinheiro.

A palavra prioridade segundo o dicionário Houaiss significa: "Condição do que está em primeiro lugar em importância, urgência, necessidade, premência etc.". Algo curioso em relação a essa palavra é que ela não tem plural. Colocar a palavra no plural vai contra o próprio significado da palavra, pois "prioridades" concomitantes se anulam. Você pode ter uma prioridade seguida por outra, mas não pode haver duas "prioridades" ao mesmo tempo.

Quem tem duas "prioridades", na verdade, não tem prioridade alguma.

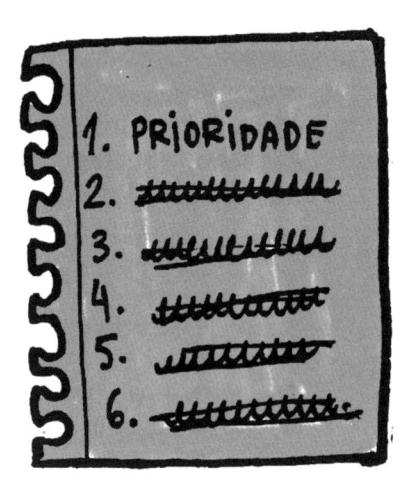

FALANDO SOBRE O ASSUNTO

🔊 **Onde você investe o seu tempo define qual é a sua prioridade.**

Não é difícil saber qual é a prioridade de alguém, basta uma consulta em sua agenda para descobrirmos o que está em primeiro lugar na sua vida. Aquilo em que depositamos nosso tempo define qual é a nossa prioridade. Se gastamos todo o nosso tempo no trabalho, é evidente que nossa prioridade está em nossa carreira e em nosso desenvolvimento profissional. Se gastamos a maior parte do nosso tempo com entretenimento e distrações é evidente que nossa prioridade está em nós e em nosso bem-estar. Como alocamos o nosso tempo revela onde está a nossa prioridade.

Se falamos que o primeiro lugar em nossa vida é de Deus, mas não passamos tempo com o Senhor, estamos mentindo, pois sempre arranjamos tempo para aquilo que consideramos prioridade em nossa vida. A prioridade define a rotina, os gostos e as atitudes das pessoas. A prioridade virá em primeiro lugar ao organizar a semana, ao pensar sobre as atividades e ao efetuar os planejamentos.

Quando colocamos o reino de Deus em primeiro lugar, ou seja, o assumimos como prioridade, mudamos a forma como nos relacionamos com tudo à nossa volta. Nossa prioridade afeta diretamente a forma como vivemos, nos comportamos e existimos, além de trazer significado para a nossa identidade e toda a nossa vida.

É normal que passemos mais tempo trabalhando do que lendo a Bíblia e orando, porém a forma como dispomos o nosso tempo, o horário em que fazemos isso e a intensidade com a qual nosso coração executará tal tarefa demonstram o que é prioritário.

🔊 **Você recorrerá à sua prioridade ao tomar decisões importantes.**

Quando perguntam o que você fará no futuro, quais as decisões você tomará e para onde você irá, a quem ou ao que você recorre para responder essas questões?

É comum perguntarmos às pessoas: "Quantos filhos você quer ter?", e ter como resposta algo como: "Depende de quanto dinheiro eu terei no futuro". Ou então: "Qual profissão você exercerá?", e a resposta estar diretamente atrelada ao dinheiro. Se nossa prioridade é Deus, e se somente servimos a um senhor, por que consultamos a Mamon (nome dado ao dinheiro, representado por uma divindade cultuada pelos povos antigos) ao tomar grandes decisões?

Se cremos em Deus e fazemos dele a nossa prioridade, não seria coerente que a resposta DELE direcionasse os nossos passos?

QUESTÕES PARA DEBATE

1. Quais têm sido as suas "prioridades" ultimamente?
2. O que você prioriza ao tomar decisões importantes, estabelecer compromissos e organizar o seu tempo? Por quê?
3. De que maneira prática você pode tornar o Senhor a sua ÚNICA prioridade?

ORAÇÃO

Pai querido, nós te damos graças. Pedimos a ti que direciones o nosso coração. Faz-nos ansiar pelas coisas do alto, molda-nos para que a única coisa em nosso coração seja o Teu reino e a Tua vontade. Não desejamos amores rivais, não queremos nada competindo com o Senhor em nossa vida. Deus, todo o espaço do nosso coração é Teu. Ensina-nos a tratar-te como a nossa prioridade e a priorizar o que é Teu. Revela-nos, de maneira prática, como podemos colocar-te como a nossa única prioridade. Em nome de Jesus. Amém!

ARTHUR LIMA
Administração — UFPR

SEMANA 20

TUDO É UMA QUESTÃO DE TEMPO

A procrastinação está inteiramente relacionada a como lidamos com o tempo e de que forma o administramos. Deixar algo para fazer depois, com a desculpa de que será feito, não é adiar uma atividade por se estar ocupado no momento, mas agir por preguiça. Sim, procrastinação é só uma outra palavra para denominar o velho pecado chamado preguiça.

ONDE ENCONTRAR NA BÍBLIA?

PROVÉRBIOS 13:4
O preguiçoso muito quer e nada alcança, mas os que trabalham com dedicação prosperam.

ECLESIASTES 3:1
Há um momento certo para tudo, um tempo para cada atividade debaixo do céu.

FALANDO SOBRE O ASSUNTO

Quando adotamos atitudes erradas, seja administrando mal a nossa agenda ou deixando as coisas para depois, podemos perder duas coisas muito preciosas: tempo e paciência.

Devemos glorificar a Deus por meio do nosso tempo, administrando de forma equilibrada nossas diversas atividades. O tempo nos é dado por Deus, mas se não soubermos usá-lo da melhor forma, não será possível dar conta de tudo o que precisamos (ou queremos) fazer. Deus não se agrada do coração preguiçoso, que acaba também caindo em outras áreas, como a murmuração. Quando não enxergamos que sofremos com o pecado da preguiça, tornamo-nos mais resmungões e damos desculpas para qualquer tarefa que deveria ser executada. Neste ambiente com várias atividades atrasadas e palavras azedas, é fácil irritar-se e perder a paciência tentando resolver algo.

O que podemos fazer para progredirmos nesta área, superando essa dificuldade?

> **Autoavaliação**
>
> Faça uma autoavaliação, questione-se! Em quais lugares e situações você está mais suscetível a procrastinar? Acredito que existam algumas áreas que você negligencia e outras que abraça com a maior alegria, mas não se esqueça: faça tudo para a glória de Deus, não somente aquilo que você mais gosta.

> **Mudança de hábito**
>
> A procrastinação só aparece na sua vida por causa de maus hábitos desenvolvidos, por isso é importante que a autoavaliação seja seguida por uma mudança na sua rotina, trazendo mais disciplina para as atividades que exerce! Comece com as pequenas coisas do dia a dia, seja diligente e ensinável em suas novas atividades.

QUESTÕES PARA DEBATE

1. Exercitando a autoavaliação, quais desculpas você identifica que usa para deixar de executar alguma tarefa? Qual atividade você costuma deixar para mais tarde? Por quê?
2. Como a procrastinação influencia de forma negativa a sua vida?
3. Quais hábitos você pretende abandonar para vencer a preguiça?

ORAÇÃO

Deus, perdoa-nos do pecado da preguiça e da procrastinação. Sabemos que o tempo é algo precioso para nós e que precisamos saber administrá-lo, então nos ajuda a investir melhor o nosso tempo em atividades que engrandeçam o Teu nome. Ajuda-nos a vencer os pecados que nos afastam de ti. Mostra-nos as áreas em que precisamos melhorar a fim de conseguirmos te servir da melhor forma! Assim oramos. Em nome do Teu Filho amado, Jesus. Amém!

ISABELLE ALMEIDA
Jornalismo — Intervalo Vida PUCPR

ANOTAÇÕES

SEXUALIDADE

SEMANA 21

ONDE ENCONTRAR NA BÍBLIA?

ROMANOS 6:19
Uso o exemplo da escravidão para ajudá-los a entender isso tudo, pois sua natureza humana é fraca. No passado, vocês se deixaram escravizar pela impureza e pela maldade, o que os fez afundar ainda mais no pecado. Agora, devem se entregar como escravos à vida de justiça, para que se tornem santos.

1 CORÍNTIOS 6:18-20
Fujam da imoralidade sexual! Nenhum outro pecado afeta o corpo como esse, pois a imoralidade sexual é um pecado contra o próprio corpo. Vocês não sabem que seu corpo é o templo do Espírito Santo, que habita em vocês e lhes foi dado por Deus? Vocês não pertencem a si mesmos, pois foram comprados por alto preço. Portanto, honrem a Deus com seu corpo.

O tema sexualidade foi, durante muito tempo, um tabu dentro das igrejas, principalmente para adolescentes, como se o sexo em si fosse pecado. Basta um pouco de raciocínio para se concluir que não é, pois, na verdade, a corrupção da carne é que banalizou o propósito do sexo: de algo reservado ao casamento para o desejo egoísta de saciar a própria carne. Para isso, usa-se a outra pessoa apenas como meio de prazer, sem o desejo de assumir de fato um compromisso com ela. O que devemos fazer quando vemos tal banalização adentrando a igreja?

FALANDO SOBRE O ASSUNTO

👉 Meu corpo, minhas regras?

Normalmente temos um sentimento de posse da nossa própria vida, que as regras válidas são as nossas, afinal "ninguém paga as nossas contas", não é mesmo? Bem, parece que a única conta que não podíamos pagar foi paga por Jesus com Seu próprio sangue, sem que Ele tivesse obrigação nenhuma quanto a isso. É a partir do sacrifício dele que passamos a ter o privilégio de tê-lo como Senhor e de fazer parte do Seu Corpo. Dito isto, podemos concordar que o único que, de fato, pode dizer: "Meu corpo, minhas regras" é o próprio Cristo. Pois Ele não é apenas nosso Salvador, mas também o nosso Senhor; Ele não é somente o advogado fiel, mas também é o justo juiz, e nenhum pecado cometido deliberadamente passará impune (HEBREUS 10:26).

👉 Deixando o egoísmo de lado

Várias vezes você já ouviu alguém dizer que está esperando a pessoa certa, mas quantas dessas pessoas estão preocupadas em ser a pessoa certa? Na maioria das vezes temos um senso de ser servido e não de servir; naturalmente, que em um relacionamento amoroso deve haver reciprocidade, porém as intenções não podem estar centradas no próprio "eu". Em 1 Coríntios 7, o apóstolo Paulo exorta, com relação ao casamento, que a esposa seja submissa ao marido e o marido ame a esposa como Cristo amou a Sua Igreja, ou seja, entregando a vida por ela. Então, existe uma responsabilidade sobre os dois em servir reciprocamente com prazer.

👉 Fixando os olhos no lugar certo

Um dos maiores problemas na nossa geração é a idolatria. Tendemos a associar este pecado apenas a religiões diferentes da nossa, mas nunca olhamos para nosso interior e identificamos os ídolos que erigimos. É importante entender o sentido de termo idolatria, que indica colocar qualquer coisa ou pessoa no lugar de Deus em nosso coração; sem dúvida o relacionamento amoroso tem um potencial gigantesco para tornar-se um ídolo em nossa vida. Isso acontece por fixarmos nosso olhar na pessoa e não em Jesus. Quando fixarmos nosso olhar em Jesus e o amarmos de todo nosso coração, acima de que qualquer coisa, estaremos prontos para ter um relacionamento saudável e que gerará frutos não apenas nesta vida, mas para a eternidade.

QUESTÕES PARA DEBATE

1. Quando você se apaixona por alguém, você prioriza os aspectos carnais ou os espirituais? De que forma isso se caracteriza?
2. Onde você tem fixado o seu olhar atualmente? Nas coisas terrenas ou nas eternas? O que isso revela sobre você?
3. Quando se fala em servir a pessoa com a qual você se relacionar, você se sente incomodado ou motivado? Por quê?

ORAÇÃO

Jesus, peço a ti que meus irmãos te desejem de todo o coração, e que eles não olhem para as circunstâncias. Livra-os da tentação da carne, preserva a santidade em cada um a fim de que o desejo de te agradar seja maior do que o desejo de saciar a vontade da carne. Reveste-os de resiliência e com a armadura do Espírito para que resistam ao dia mau. Em nome de Jesus. Amém!

WILLIAM WATSON
Engenharia Mecânica — Jesus na UFPR

ANOTAÇÕES

SEMANA 22

LEGADO

O período que alguém permanece na universidade é um tempo limitado, exceto para os que optam em seguir carreira acadêmica, podendo se estender por mais alguns anos caso se faça uma pós-graduação. Nesse tempo, o ensino, a convivência, o caráter e as experiências marcam mutuamente a vida das pessoas. O legado de alguém mostra o que foi construído durante sua jornada de vida, influenciando de alguma forma o procedimento de pessoas e gerações seguintes. Legado também abrange aquilo que faz as pessoas serem lembradas, o significado que a existência delas trouxe para alguém. Como filhos de Deus, que tipo de legado recebemos e deixamos?

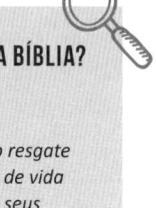

ONDE ENCONTRAR NA BÍBLIA?

1 PEDRO 1:18-19

Pois vocês sabem que o resgate para salvá-los do estilo de vida vazio que herdaram de seus antepassados não foi pago com simples ouro ou prata, que perdem seu valor, mas com o sangue precioso de Cristo, o Cordeiro de Deus, sem pecado nem mancha.

2 CORÍNTIOS 3:3

Sem dúvida, vocês são uma carta de Cristo, que mostra os resultados de nosso trabalho em seu meio, escrita não com pena e tinta, mas com o Espírito do Deus vivo, e gravada não em tábuas de pedra, mas em corações humanos.

FALANDO SOBRE O ASSUNTO

- **O legado de gerações anteriores**

    Pensemos na universidade e curso que ingressamos, na estrutura, conhecimento e preço pago ao longo dos anos para chegar ao acesso que se tem hoje; agora reflitamos sobre as vivências familiares, histórias e sabedoria que carregamos que passaram por gerações até chegarem a nós. Podem ser muito boas ou nem um pouco, não é mesmo? Mas há algo mais profundo ainda: o apóstolo Pedro fala sobre um "estilo de vida vazio" deixada como legado pelos antepassados, e que foi preciso um resgate de preço altíssimo para nos salvar dessa condição que herdamos. Por "um só pecado de Adão", a vida pecaminosa se tornou o legado de toda humanidade, "mas um só ato de justiça de Cristo removeu a culpa e trouxe vida a todos" (ROMANOS 5:18). Louvado seja o Senhor por Sua graça!

- **O legado de Jesus em nós**

    Só é possível sermos chamados filhos de Deus porque o Autor e Consumador da fé, Jesus, nos comprou com Sua vida (APOCALIPSE 5:9). Assim, ao crermos nele, somos transformados para um novo viver, selados pelo Espírito Santo (EFÉSIOS 1:13), santificados pela Palavra de Deus escrita em nosso coração (HEBREUS 10:16) e por Seu amor em nós derramado (ROMANOS 5:5). Jesus não apenas abalou a história, Ele veio com o propósito de fazer convergir nele todas as coisas (EFÉSIOS 1:10). O cenário de pecado, fracasso, maldade e desgraça que seria o legado que carregaríamos e passaríamos adiante foi, por consequência da obra de Cristo, mudado. Jesus fez algo maravilhoso, nos tornou Seu legado para a humanidade! Somos cartas de Cristo escritas pelo "Espírito do Deus vivo [...] em corações humanos".

- **O nosso legado**

    O que a Palavra de Deus diz a respeito do que somos em Cristo Jesus revela o grande valor de nossa existência, e isso influenciará diretamente nossas ações, nossas palavras e nossos relacionamentos com as pessoas, nossos objetivos de vida e intenções nas conquistas. Ainda que ser universitário seja temporário, ser filho de Deus torna eternas as marcas de Cristo que deixamos. Se o que fazemos constrói um legado, há mais uma excelente notícia: "Pois somos obra-prima de Deus, criados em Cristo Jesus a fim de realizar as boas obras que ele de antemão planejou para nós" (EFÉSIOS 2:10). Vivendo de acordo com o que já nos foi preparado, poderemos ao fim proclamar: "Lutei o bom combate, terminei a corrida e permaneci fiel" (2 TIMÓTEO 4:7).

QUESTÕES PARA DEBATE

1. Que legado você recebeu de seus ascendentes? De que maneira ele tem influenciado sua vida?
2. Você já percebeu em você o legado de Cristo deixado por alguém? Qual?
3. Que legado você quer deixar em sua universidade e para as futuras gerações?

ORAÇÃO

Senhor, agradecemos-te imensamente por nos resgatar de uma vida vazia que recebemos como legado, e nos fazer Tua carta viva.
Que Teu nome e glória sejam conhecidos de geração em geração, e por Tua graça uses cada filho Teu para esse propósito dentro das escolas e universidades, e onde estiverem. Oramos para que a chama do Teu amor e Teu rio de vida, cura e salvação sejam evidentes em tudo que fizermos.
Em nome de Jesus. Amém!

TIEME HARFOUCHE
Engenharia Florestal — Jesus na UFPR

ANOTAÇÕES

A SEGUNDA VINDA DE JESUS

SEMANA 23

ONDE ENCONTRAR NA BÍBLIA?

MATEUS 6:21
Onde seu tesouro estiver, ali também estará seu coração.

JOÃO 1:23
João respondeu com as palavras do profeta Isaías: "Eu sou uma voz que clama no deserto: 'Preparem o caminho para a vinda do Senhor!'".

Em Sua primeira vinda, Jesus veio ao mundo como um homem. O Verbo se fez carne, habitou entre nós e sofreu em nosso lugar. O Cordeiro perfeito de Deus veio para nos resgatar, veio para servir e não para ser servido. Cristo abriu mão de Sua glória pela humanidade, para que a vida dele estivesse em nós. A Bíblia nos diz que, em Sua segunda vinda, Jesus virá com todo o Seu poder e glória; Ele virá para nos buscar e julgará a todos com a Sua justiça. Tudo isso é fruto da graça de Deus sobre a nossa vida. Fomos lavados e remidos pelo sangue de Cristo, sabemos que somos filhos de Deus e reinaremos com Ele eternamente. Diante de tudo isso, estamos dando o devido valor a essas verdades?

FALANDO SOBRE O ASSUNTO

Precisamos nos atentar a duas coisas quando falamos sobre a segunda vinda de Jesus:

- **Cristo precisa ser o nosso maior tesouro**

    Devemos amar ao Senhor de todo o nosso coração, de toda a nossa alma e de todo o nosso entendimento (MATEUS 22:37). Ele é a nossa fonte de vida eterna. Por meio da cruz de Cristo, nós somos salvos e por isso, precisamos desejar estar com Ele intensamente. Ele é a nossa rocha e a nossa fortaleza, o motivo da nossa alegria e a fonte da nossa esperança. Somente em Jesus somos verdadeiramente livres. Em Sua presença, encontramos a verdadeira paz.

- **Nós somos hoje a "voz do que clama no deserto"**

    Se dizemos que Jesus nos salvou da escravidão dos nossos pecados e, ainda assim, não anunciamos o evangelho, então, certamente, não somos filhos de Deus; pois a Palavra do Senhor em nós deve gerar transformação. Fomos chamados para anunciar a vinda do Senhor, assim como João Batista anunciava no deserto para todos aqueles que tinham sede da verdade. Qualquer ameaça à nossa reputação não é importante, porque nosso nome não vale nada se comparado ao nome de Jesus; Ele é a nossa honra. Por isso, se, de fato, fomos transformados pelo evangelho, devemos viver o IDE, pois essa é a nossa missão.

    Cristo morreu em nosso favor "quando ainda éramos pecadores" (ROMANOS 5:8), e esse mesmo Cristo voltará para todo aquele que nele crê. Por isso, todos os dias, proclamemos a salvação que Ele nos trouxe.

QUESTÕES PARA DEBATE

1. Qual valor você tem realmente dado à sua salvação em Cristo Jesus?
2. Pense nos círculos sociais que você frequenta, agora olhe para si e responda: Você tem sido a voz do que clama no deserto para essas pessoas? De que forma?
3. A segunda vinda de Jesus está próxima. Como você tem preparado o seu coração para esse momento?

ORAÇÃO

Pai amado, louvamos-te pelo Teu grande amor e pela Tua graça que nos alcançaram. Agradecemos-te, pois o Teu amor em Cristo cobriu a multidão dos nossos erros. Glorificamos a ti, Senhor, por teres nos resgatado; Tu nos deste a vida eterna por meio do Teu filho, Jesus, e Ele voltará para nos buscar. Perdoa-nos por não anunciar a Tua salvação de todo o nosso coração, tenha misericórdia de nós, visto que não temos dado o devido valor a ela. Ensina-nos a andar nos Teus caminhos e a desejar ardentemente a Tua presença, para que possamos pregar o evangelho com toda intensidade. Em nome de Jesus. Amém!

HELOISA SILVA
Geologia UFPR — Jesus na UFPR

ANOTAÇÕES

SEMANA 24 — CAMPUS MISSIONÁRIO

Desde o primeiro dia em que pisei no meu *campus* universitário, tive a certeza de que ali seria o meu campo missionário. Senti o Senhor me chamando para viver uma aventura com Ele, e a tenho vivido desde então. Hoje vamos conversar sobre o nosso *campus* universitário ser também o nosso campo missionário.

ONDE ENCONTRAR NA BÍBLIA?

MARCOS 16:15
Jesus lhes disse: "Vão ao mundo inteiro e anunciem as boas-novas a todos".

ISAÍAS 6:8
Então ouvi o Senhor perguntar: "Quem enviarei como mensageiro a este povo? Quem irá por nós?". E eu respondi: "Aqui estou; envia-me".

FALANDO SOBRE O ASSUNTO

Em Isaías 6, vemos o Senhor chamando Isaías, que se apresenta com um coração disposto. E é exatamente isso o que o Senhor deseja de nós: a prontidão de um coração inclinado a obedecer a Ele.

Nós, como cristãos, recebemos também um chamado por meio das Escrituras, e tal chamado consiste em duas coisas: ir e anunciar as boas-novas a todos, independentemente do lugar ou das pessoas. Assim, como universitários, temos esta missão para cumprir em nossas universidades: irmos e anunciarmos as boas-novas para aqueles que necessitam ouvir sobre o evangelho.

Você não está na universidade só para sair de lá com um diploma na mão e um título de formação, mas existe um propósito maior pelo qual o Senhor permite que você esteja lá dentro. Reinhard Bonnke diz: "O Evangelho é eterno, porém não temos a eternidade para pregá-lo. Nós só temos o tempo que vivemos para alcançarmos aqueles que vivem enquanto vivemos". Isso é uma verdade! Você e eu temos acesso a pessoas que necessitam ouvir o evangelho, pessoas que estão caminhando em direção ao inferno, e não temos a eternidade para pregar a elas. Talvez você esteja nesse campo missionário apenas por mais 2 ou 3 anos, e você tem contato com pessoas específicas que o Senhor deseja salvar. Então, é o seu dever como cristão levar as boas novas de Cristo a elas.

Entretanto, não trate isso somente como um dever, mas faça isso com amor. Assim como nós fomos atraídos ao imensurável amor de Cristo, se permita ser um meio que o Senhor usará para resgatar o perdido. E não descanse enquanto houver uma vida longe dos braços do Pai. Vença a sua timidez e os seus medos, não se importe com a sua reputação, zele somente pelo nome de Cristo e faça o nome do Senhor conhecido no seu *campus* missionário.

QUESTÕES PARA DEBATE

1. As pessoas à sua volta têm visto Cristo em suas atitudes dentro da universidade? De que forma?
2. Você já parou para evangelizar alguém no seu *campus*? Como foi?
3. Você tem alguma aventura preferida que já viveu com Jesus em sua universidade? Qual?

ORAÇÃO

Ó Senhor, ajuda-me a vencer a timidez, o medo e tudo aquilo que me atrapalha a fazer do meu campus universitário o meu campo missionário. Enche-me de ousadia e faz-me viver todos os dias uma aventura contigo na universidade e nos lugares onde o Senhor me enviar. Enche o meu coração de amor e me ensina a amar os perdidos, como o Senhor os ama. Em nome de Jesus. Amém!

KERYN GEOVANNA
Engenharia Industrial Madeireira — Jesus na UFPR

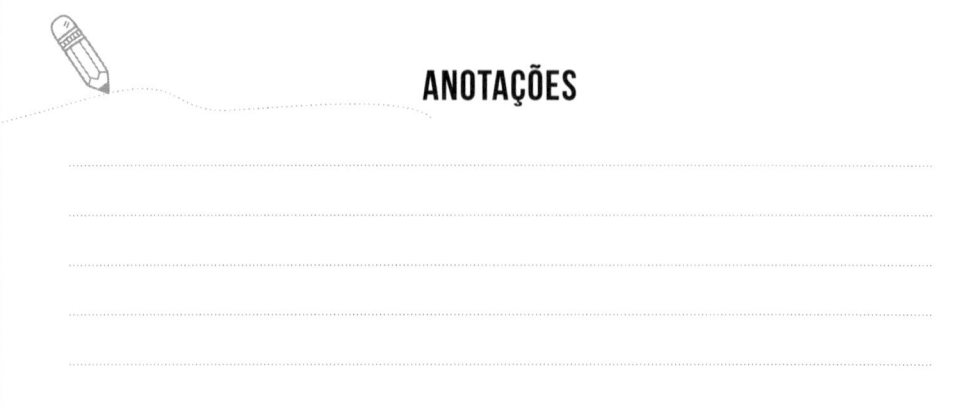

ANOTAÇÕES

CHAMADO PRA QUÊ?

SEMANA 25

ONDE ENCONTRAR NA BÍBLIA?

1 CORÍNTIOS 7:20 NAA
Cada um permaneça na vocação em que foi chamado.

EFÉSIOS 2:10
Pois somos obra-prima de Deus, criados em Cristo Jesus a fim de realizar as boas obras que ele de antemão planejou para nós.

Sempre ouvimos falar que precisamos descobrir nosso chamado. "Você precisa saber porque está nesta Terra." De fato, devemos despertar as pessoas para que descubram o seu chamado em Deus, mas muitas vezes pecamos em não explicar o porquê de descobri-lo. Em uma perspectiva terrena, descobrir e viver o chamado de Deus faz com que vivamos de maneira segura, tendo a certeza de que o Senhor tem o melhor para nós. Porém, isso não quer dizer que viver o chamado de Deus fará com que os problemas desapareçam e que tudo sejam flores sempre. Ao contrário de muitos cristãos que vivem no modo sobrevivência, no qual são movidos por oportunidades ou necessidades, os que decidem viver o chamado de Deus são movidos por propósito.

FALANDO SOBRE O ASSUNTO

Quando falamos sobre "chamado", existe sempre a confusão com o termo "vocação". O apóstolo Paulo, falando à igreja em Corinto, disse: "Cada um permaneça na vocação em que foi chamado" (1 CORÍNTIOS 7:20 NAA). Os dois termos em uma única frase. A palavra "vocação", do grego *klesis*, significa: chamado, convocado, convidado. A palavra "chamado", do grego *kaleo*, significa: chamar, convidar, ser chamado, ser convidado. A palavra *klesis* é uma forma reduzida de *kaleo*, ou seja, uma vocação é um chamado. Então, não existe aquela crise que muitas pessoas tentam resolver colocando vocação e chamado como coisas distintas, ambas são a mesma coisa. Tim Keller e Katherine Alsdorf, no livro *Como integrar fé e trabalho* (Ed. Vida Nova, 2014), afirmam:

> "Algo só é uma vocação ou um chamado quando alguém nos chama a realizá-lo e fazemos o trabalho por causa de quem nos chamou, e não por nossa causa. Nosso trabalho diário só é um chamado se for reconcebido como designação de Deus para servirmos ao próximo."

Viver o chamado que Deus tem para nós é viver alinhado com o coração dele, fazendo Sua vontade e vivendo da maneira mais relevante possível. Porém, não é viver como um robô programado. Somos parceiros do Senhor aqui na Terra. Ao mesmo tempo que Ele é Senhor, e nós devemos cumprir Suas ordenanças, Ele é um Pai que ama se relacionar com os Seus filhos. Somente quando nos tornarmos íntimos é que Ele revelará Seus anseios a respeito de nós. Após termos consolidado nossa intimidade com o Senhor, precisaremos manter o nosso coração disponível para o que Ele deseja realizar aqui na Terra por nosso intermédio, e isso implicará diretamente em nosso chamado. Contudo é importante lembrar constantemente que Deus não precisa de nós para realizar o Seu plano, mas nos escolheu para sermos parceiros dele!

Agora podemos responder à pergunta que é título do nosso devocional, usando as palavras do apóstolo Paulo à igreja em Éfeso: "Pois somos obra-prima de Deus, criados em Cristo Jesus *a fim de realizar as boas obras que ele de antemão planejou para nós*" (EFÉSIOS 2:10, DESTAQUE ADICIONADO). Não somos somente salvos, somos salvos para as boas obras, visando o benefício das pessoas. Nosso dever é revelar Cristo! Porém cada um o revelará de um modo; este modo é o nosso chamado.

QUESTÕES PARA DEBATE

1. Você tem convicção de que, de fato, foi chamado para realizar o que está fazendo hoje? O que embasa a sua resposta?
2. Você tem exercido seu chamado com diligência e excelência? De que forma?
3. Por meio do seu chamado, qual o impacto que você pode ocasionar na vida das pessoas?

ORAÇÃO

Pai, ajuda-nos a cumprir nosso chamado aqui na Terra. Dá-nos forças para realizá-lo! Que tudo que façamos seja para te glorificar; que vivamos de maneira digna de provocar um sorriso em Teu rosto! Viver para ti e para Tua glória jamais será um fardo para nós. Que estejamos cada vez mais perto de ti para ouvirmos a Tua direção sobre o que fazer. Agradecemos-te, Pai, por nos escolheres para fazer parte do Teu plano eterno! Nós te amamos! Em nome de Jesus. Amém!

JOÃO RECH
Psicologia — Dunamis Pockets PUCPR

ANOTAÇÕES

SEMANA 26

A IGREJA E O UNIVERSITÁRIO

A Igreja de Cristo é constituída por pessoas diferentes unidas pela mesma fé em Cristo, e que usam seus talentos para um único propósito em amor. Mesmo espalhados pelos diversos espaços geográficos do planeta ou desenvolvendo ações nas mais diversas instituições pelo mundo, continuaremos sendo um só corpo — o Corpo de Cristo —, e precisamos uns dos outros. De igual modo ocorre quando um cristão ingressa em uma universidade. Ele precisa compreender que foi enviado para uma missão de amor naquele lugar de formação, onde terá o desafio e a chance de desenvolver seus talentos e frutificar. Essa missão não pode ser solitária, mas uma responsabilidade de todos os demais que são Igreja do Senhor. É sobre isso que queremos refletir e orar esta semana.

ONDE ENCONTRAR NA BÍBLIA?

ROMANOS 13:8

Não devam nada a ninguém, a não ser o amor de uns pelos outros. Quem ama seu próximo cumpre os requisitos da lei de Deus.

EFÉSIOS 4:16

Ele faz que todo o corpo se encaixe perfeitamente. E cada parte, ao cumprir sua função específica, ajuda as demais a crescer, para que todo o corpo se desenvolva e seja saudável em amor.

FALANDO SOBRE O ASSUNTO

A missão da Igreja de Cristo com os universitários

Somos embaixadores nesta Terra, mas não de um rei e reino perverso e excludente; pelo contrário, quem nos comissionou esteve corporalmente conosco em amor, humildade e simplicidade. Quando temos a oportunidade de ingressar em um curso de graduação ou pós-graduação, continuamos sendo embaixadores das boas-novas em nossos *campi* e temos uma missão de amor com as pessoas que lá convivem. Não podemos nos tornar "ilhas de cristãos" pelas faculdades, precisamos permitir que nossos colegas e funcionários sintam um aroma suave e diferente em nós e que tenham a chance de saber que esse aroma é Jesus.

Igrejas locais e os universitários

Deus nos deu talentos para que, unidos, cumpramos funções específicas e ajudemos os demais a crescerem, de forma que todo o corpo se desenvolva e seja saudável em amor. Em relação à nossa missão de amor em nossas universidades, precisamos dessa unidade de propósito entre os membros da Igreja para que Cristo seja revelado pela nossa união (JOÃO 17:21). Um cristão recém-chegado em uma universidade poderá ter dificuldades de conciliar as demandas acadêmicas e sociais que se apresentem, e precisará ser apoiado e orientado para não se descolar de sua missão. Outros precisarão ser incentivados a desbravarem espaços e tempos para anunciar o amor de Deus, pelo seu testemunho e se envolvendo com os grupos universitários cristãos. Para ambos, devemos o amor e nossas orações para avançarem sadios, com fé a fim de que no futuro desfrutem dos frutos de sua trajetória acadêmica.

A igreja local e o relacionamento com os acadêmicos não cristão

A igreja tem melhorado seu relacionamento com as universidades ao longo dos anos. Já podemos presenciar muitos líderes incentivando os jovens a ingressarem nos mais diversos cursos universitários. Contudo, precisam também avançar no seu relacionamento com os acadêmicos não cristãos, enxergá-los como pessoas amadas por Deus e que merecem respeito e orações. Nesse sentido, diversos grupos de cristãos universitários desenvolvem belíssimos trabalhos de acolhimento e discipulado nos *campi* para cristãos e não cristãos. Tanto uns quanto os outros precisam receber apoio e orações dos membros da igreja.

QUESTÕES PARA DEBATE

1. Além das questões de formação acadêmica, de que forma você compreende a sua missão na faculdade?
2. Como as igrejas locais ou unidas entre si podem apoiar seus membros universitários a semear e cuidar de colegas e funcionários nas universidades?
3. Em sua opinião, como a igreja pode melhorar o relacionamento dela com os acadêmicos não cristãos, para além de ações evangelísticas?

ORAÇÃO

Pai, neste momento elevamos nossa voz até o Teu trono de Graça para te agradecer por sermos a Tua Igreja amada, Corpo e Noiva de Jesus. Cuida de cada universitário cristão. Dá a eles forças, graça e sabedoria durante todos os dias de sua vida acadêmica. Revela a eles o Teu coração e os propósitos para os quais Tu os colocaste naquela universidade, curso, turno, turma. Pai, que, com simplicidade e no poder do Espírito Santo, cada universitário cristão seja um embaixador do Teu amor aos que não te conhecem. Contempla os não cristãos de cada faculdade, sejam estudantes ou funcionários; derrama Tua bondade sobre cada um deles, e assim terão a chance de te conhecer no campus universitário e serem iluminados por ti. Em nome de Jesus te pedimos e te agradecemos.
Em nome de Jesus. Amém!

PAULO DE JESUS
Professor — UFMA

MEU CORPO!

SEMANA 27

ONDE ENCONTRAR NA BÍBLIA?

1 CORÍNTIOS 6:19 NVI
Acaso não sabem que o corpo de vocês é santuário do Espírito Santo que habita em vocês, que lhes foi dado por Deus, e que vocês não são de vocês mesmos?

1 PEDRO 1:15
Agora, porém, sejam santos em tudo que fizerem, como é santo aquele que os chamou.

Ao vivermos em sociedade somos diariamente bombardeados com conceitos e situações diferentes, seja sobre política, religião, saúde, entretenimento e muitos outros. Isso se aplica também ao nosso corpo. Imagino que você provavelmente já ouviu a frase: "Meu corpo, minhas regras". Se interpretada como uma sentença que traz o respeito ao nosso corpo e ao corpo alheio como enfoque principal, realmente é uma abordagem válida e correta. Porém até que ponto o cristão pode olhar seu corpo como somente seu, escolhendo uma vida na qual faz suas regras e decide relativizar tudo, esquecendo que é templo do Espírito Santo?

FALANDO SOBRE O ASSUNTO

꧁ Temos um corpo que pertence ao Senhor.

Ao nos rendermos ao Senhor, declaramos que nossa vida pertence a Ele. Que felicidade é saber que temos um Deus grandioso e que podemos entregar tudo a Ele por completo! Paulo fala sobre isso ao escrever aos coríntios, pois afirma que somos santuário do Espírito Santo e que Ele habita em nós. Portanto devemos tratar nosso corpo com cuidado e fugir da aparência do pecado.

꧁ Somos imagem e semelhança do Senhor

No momento em que o Senhor cria o homem (GÊNESIS 1:26), Ele o faz à Sua imagem e semelhança. Como sabemos, o Senhor possui vários atributos, entre eles a santidade. O apóstolo Pedro, em sua primeira carta, menciona que assim como Deus é santo, nós, como imagem e semelhança dele, devemos caminhar em uma vida de santidade também (1 PEDRO 1:15). Isso engloba todas as áreas de nossa vida: trabalho, faculdade, família, igreja e assim por diante. Não podemos restringir a santidade somente à nossa vida ministerial, relativizando princípios bíblicos de acordo com o lugar em que estamos. Devemos ser santos em tudo que fizermos, onde e com quem estivermos.

꧁ Não estamos sozinhos nessa

Realmente, caminhar em santidade é um grande desafio. Jesus nunca prometeu que seria fácil, porém nos prometeu que estaria conosco todos os dias, até o fim dos tempos (MATEUS 28:20), e que, além disso, nos enviaria o "Encorajador" (JOÃO 15:26) para nos ajudar em tempos de aflição. Assim, por mais difícil que seja permanecer longe do pecado, podemos sempre contar com o Espírito Santo para nos convencer dos erros e nos lembrar de que fomos criados à imagem e semelhança de Deus, e de que pertencemos totalmente a Ele. Essa é nossa identidade.

QUESTÕES PARA DEBATE

1. Separe este momento para analisar sua vida. Você tem buscado se entregar totalmente ao Senhor e confiar nele de forma plena? Caso não, o que o tem impedido?

2. Você está conseguindo viver a santidade em todas as áreas? Qual a sua maior área de maior desafio? Por quê?

3. Você ainda sente culpa quando precisa confessar seus pecados ao Senhor, questiona se foi realmente perdoado ou tem dúvidas quanto a aproximar-se dele novamente? Por que você acha que isso acontece?

ORAÇÃO

Senhor, precisamos da Tua graça em nossa vida. Ajuda-nos a viver caminhando em santidade, pois queremos ser mais parecidos contigo. Tu és o Senhor da nossa vida, e rendemos o nosso corpo novamente a ti, auxilia-nos em nossas aflições e faz-nos lembrar de quem somos em ti. Perdoa-nos por nossos pecados e dá-nos um coração ensinável, disposto a dedicar continuamente nossos dias a ti. Somos Teus! Em nome de Jesus. Amém!

ANA LUIZA
Engenharia Elétrica — Dunamis Pockets PUCPR

ANOTAÇÕES

SEMANA 28
AS TENTAÇÕES DA VIDA UNIVERSITÁRIA

Desde que ingressei na faculdade, já tinha certeza de que viria sobre mim as tentações da vida universitária! Mas que tentações são essas? A vida de um estudante não é apenas sentar-se em uma sala de aula com a finalidade de adquirir novos conhecimentos? Com certeza, não! Se você é um estudante universitário, certamente entenderá o que estou falando. É no meio acadêmico que podemos ter um vasto contato com as tentações que o mundo oferece. Logo que entrei na faculdade, precisei enfrentar esse gigante em minha vida. Junto com novos aprendizados, novos amigos e experiências, vieram também diversos riscos quanto a cair nas armadilhas que o inimigo prepara para nós. É por meio de simples convites como estes: "Vamos ali no barzinho? Acabando o intervalo já voltamos pra aula", ou então "Vai ter uma festinha do pessoal da faculdade esse fim de semana, vamos?", que abrimos concessões e acabamos dando margem para que as paixões do nosso coração nos dominem.

ONDE ENCONTRAR NA BÍBLIA?

TIAGO 1:2-4

Meus irmãos, considerem motivo de grande alegria sempre que passarem por qualquer tipo de provação, pois sabem que, quando sua fé é provada, a perseverança tem a oportunidade de crescer. E é necessário que ela cresça, pois quando estiver plenamente desenvolvida vocês serão maduros e completos, sem que nada lhes falte.

1 CORÍNTIOS 10:13

As tentações em sua vida não são diferentes daquelas que outros enfrentaram. Deus é fiel, e ele não permitirá tentações maiores do que vocês podem suportar. Quando forem tentados, ele mostrará uma saída para que consigam resistir.

FALANDO SOBRE O ASSUNTO

🕪 As tentações vêm

Assim como em qualquer outra área da vida onde podem ocorrer alguns desafios, seja em casa, no trabalho ou até mesmo com os amigos, enfrentaremos dificuldades na faculdade. Ao ingressarmos nela, teremos um gigante a vencer: as tentações da vida universitária. Contudo, mantendo os olhos fitos no alvo, seremos mais que vitoriosos em Cristo.

Não é segredo para ninguém as atrações que um universitário enfrenta. Pois é nesse momento que a juventude aflora à pele e os desejos naturais da carne são atiçados. É diante daquilo que é natural ao homem que seremos tentados a sucumbir ao desejo pecaminoso. Isso não é um sentimento de outro mundo ou algo anormal de acontecer, muito pelo contrário. Os desejos da carne são estímulos naturais de serem sentidos visto que permeiam o homem natural, e justamente por esse motivo a Bíblia nos exorta a fazer "morrer as obras do corpo" (ROMANOS 8:13) e a deixar "que o Espírito guie [nossa] vida" (GÁLATAS 5:16). Por esses anseios habitarem em nossa natureza humana, em qualquer ambiente ou meio onde estivermos inseridos, o inimigo armará suas armadilhas para nos tentar, investindo em sensações ou estimulando desejos que podem se tornar pecado. Portanto, devemos sempre estar preparados para as tentações oferecidas, pois, como Paulo afirma em 1 Coríntios 10:13, as tentações estão na vida do homem, mas Deus não permite que elas sejam maiores do que podemos suportar. Sempre que formos tentados, o Senhor proverá o necessário para resistirmos.

🕪 Mantenha-se firme

"Guardei tua palavra em meu coração, para não pecar contra ti" (SALMO 119:11). O grande segredo para vencer as tentações é sempre se manter firme nas convicções reveladas na Palavra de Deus, perseverando na fé em meio às provações. A fé deve ser exercida, e a confiança convicta na obra de salvação e redenção realizada por Cristo Jesus deve estar firmada em nosso coração. A partir do momento que a fé em Jesus é abalada, uma brecha é instaurada e, assim, o inimigo ganha não somente espaço, mas também macula a pureza do coração e distorce a plena convicção do poder da graça e da salvação.

E se pecarmos?

Quando pecarmos, devemos nos arrepender verdadeiramente e buscar entender com clareza o que nos levou a pecar. Jesus morreu para nos livrar da condenação do inferno, de forma que, se nos entregarmos verdadeiramente a Cristo, Ele nos perdoará de nossos pecados. De fato, Jesus não veio para nos condenar, mas para nos salvar (JOÃO 3:17), livrar-nos do fardo do pecado. Contudo Ele nos pede: "...não peque mais..." (JOÃO 8:11), assim procuremos agradar o Senhor. E se cairmos em tentação, que o arrependimento e a confissão (1 JOÃO 1:9) sejam nossa primeira parada. Portanto, busquemos as coisas do alto (COLOSSENSES 3:2) a fim de resistir as tentações da vida universitária e sigamos este sábio conselho: "Mantenham-se afastados de toda forma de mal" (1 TESSALONICENSES 5:22).

QUESTÕES PARA DEBATE

1. O quanto você tem se permitido ser tentado por não tomar uma posição em Cristo?

2. Quais hábitos você deve mudar para se posicionar como cristão dentro da universidade?

3. Você tem colocado sua vida, suas falhas e seus pontos fracos diante de Jesus? Caso não, o que o impede de fazer isso? E se sim, como tem sido essa experiência?

ORAÇÃO

Senhor, perdoa-me por muitas vezes dar espaço ao pecado em minha vida, sem entregar minhas fraquezas ao Senhor. Que eu não sucumba às tentações da vida universitária, mas que eu seja um canal que transborde a Tua presença por onde eu for. Que por intermédio da minha vida, pessoas ao meu redor sejam impactadas pelo Teu amor e pela Tua graça. Que eu me mantenha firme em Teu propósito e com o olhar fixo em ti, Jesus. Agradeço-te por me ensinares cada vez mais por meio da Tua Palavra. Em nome de Jesus. Amém!

MATHEUS FIORILLO
Engenharia Automotiva — Faculdade da Indústria

ANOTAÇÕES

SEMANA 29

POSSO SER CRISTÃO E UNIVERSITÁRIO?

Quando entramos na universidade, questionamo-nos sobre diversas questões. "O que eu estou fazendo aqui nessa universidade e nesse curso em específico? Tendo a minha fé, eu posso ser cristão e universitário?" Há alguns dias, me deparei com uma pergunta aparentemente fácil de responder, mas que carrega um grande significado: "Qual o nosso propósito aqui na Terra?". Bem, a resposta é obviamente glorificar o nome de Deus (ROMANOS 11:36). Se o nosso único objetivo é glorificar o nome dele, precisamos entender que isso se estende a todos os momentos da nossa vida, seja no trabalho, faculdade, lazer etc., e que as nossas escolhas têm consequências eternas.

ONDE ENCONTRAR NA BÍBLIA?

ROMANOS 11:36
Pois todas as coisas vêm dele, existem por meio dele e são para ele. A ele seja toda a glória para sempre! Amém.

1 JOÃO 5:11
E este é o testemunho: Deus nos deu vida eterna, e essa vida está em seu Filho.

FALANDO SOBRE O ASSUNTO

Há uma frase de Dick Bransford, médico e missionário, que diz assim: "Nenhuma atividade vale a pena a menos que apresente uma significativa oportunidade de proclamação do evangelho". E ele está certíssimo! Será que nós estamos realmente realizando nossas atividades pensando em proclamar o reino de Deus? Se pensamos na eternidade, uma coisa está conectada com a outra: estamos com o nosso foco em falar do evangelho e alinhados com o nosso propósito.

Mantenha seu foco no lugar certo

A correria dos nossos dias reduz a nossa existência ao aqui e agora, mas nós somos seres eternos (1 JOÃO 5:11). Precisamos nos lembrar constantemente de que tudo o que estamos fazendo, incluindo o curso que escolhemos, é para a glória de Deus (1 CORÍNTIOS 10:31).

Ao invés de se questionar quanto à razão de você ter entrado na universidade, mude a sua pergunta para: no que eu posso ser útil ao Reino de Deus dentro do meu curso? Tenho certeza de que sua perspectiva mudará e você terá mais ânimo para enfrentar os desafios de um jovem cristão universitário.

Seja luz

Muitos jovens cristãos se sentem perdidos, por falta de apoio de seus líderes ou familiares, para adentrar no ambiente universitário. Mas a luz só é vista quando colocada em um lugar escuro, ou seja, você só poderá ser usado por Deus para compartilhar do evangelho se tiver contato com pessoas que não conhecem a Palavra do Senhor.

Busque o apoio de líderes e jovens que passam ou já passaram pela mesma experiência que você, para que consiga lidar com o pluralismo presente nas universidades. Estude a Bíblia e também outros livros, ampliando seus conhecimentos sobre a fé e assuntos "seculares"; dessa forma, será mais fácil lidar com questionamentos sobre a sua fé.

O nosso propósito é glorificar o nome de Deus eternamente!

QUESTÕES PARA DEBATE

1. A maneira que você vive glorifica a Deus? Caso não, o que o impede?
2. Você busca ser um exemplo, como discípulo de Cristo, dentro da universidade? O que você faz que demonstra isso?
3. Você usa o seu curso e a sua profissão para a glória de Deus? De que forma?

ORAÇÃO

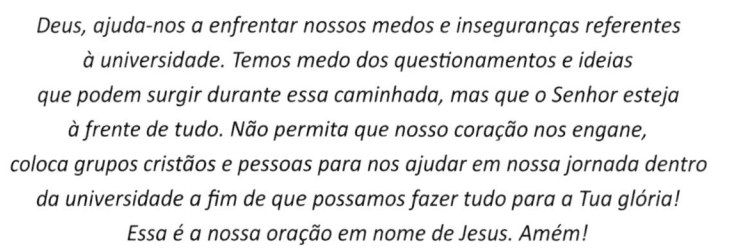

Deus, ajuda-nos a enfrentar nossos medos e inseguranças referentes à universidade. Temos medo dos questionamentos e ideias que podem surgir durante essa caminhada, mas que o Senhor esteja à frente de tudo. Não permita que nosso coração nos engane, coloca grupos cristãos e pessoas para nos ajudar em nossa jornada dentro da universidade a fim de que possamos fazer tudo para a Tua glória! Essa é a nossa oração em nome de Jesus. Amém!

ISABELLE ALMEIDA
Jornalismo — Intervalo Vida PUCPR

ANOTAÇÕES

FRACASSOS NA VIDA

SEMANA 30

ONDE ENCONTRAR NA BÍBLIA?

GÊNESIS 45:4-5

"Cheguem mais perto", disse José. Quando eles se aproximaram, José continuou: "Eu sou José, o irmão que vocês venderam como escravo ao Egito. Agora, não fiquem aflitos ou furiosos uns com os outros por terem me vendido para cá. Foi Deus quem me enviou adiante de vocês para lhes preservar a vida".

TIAGO 1:2-4

Meus irmãos, considerem motivo de grande alegria sempre que passarem por qualquer tipo de provação, pois sabem que, quando sua fé é provada, a perseverança tem a oportunidade de crescer. E é necessário que ela cresça, pois quando estiver plenamente desenvolvida vocês serão maduros e completos, sem que nada lhes falte.

Quantas vezes olhamos ao nosso redor e não vemos esperança? Ou pensamos em desistir por repetidas vezes não alcançarmos nossos objetivos? Na universidade isso é bem comum: quando estudamos muito e não tiramos uma nota boa, quando um artigo que exigiu muito esforço não é aceito pela comunidade científica, ou até quando depois de anos de estudo não somos aprovados em algum concurso. A vontade, em 99,9% das vezes, é de simplesmente chutar o balde, não é verdade? Apesar de hoje em dia essas palavras serem um clichê, precisamos ter perseverança e resiliência no nosso objetivo, ao mesmo tempo em que buscamos entender se esse objetivo está alinhado com a vontade de Deus.

FALANDO SOBRE O ASSUNTO

No meu curso, por não eu ter uma boa base para a matemática de engenharia, os primeiros anos foram um completo desastre. Fiz matérias do ciclo básico por diversas vezes, e pensava em desistir pelo menos uma vez por dia. O que me fortalecia a continuar era ter pessoas que me incentivaram, além de palavras e visões que tive ou recebi. Antes de entrar na faculdade, eu orei para que, caso passasse no vestibular, eu pudesse ser influência ali, não apenas conquistar um diploma. O curioso é que o atraso em me formar gerou a oportunidade de ser influência, servindo e liderando um grupo na universidade.

Algo importante de termos em mente é que Deus pode nos mostrar o lugar de chegada, mas Ele não nos mostra o processo, visto que deseja que aprendamos com cada etapa. Assim, aquilo que muitas vezes muitas vezes consideramos um fracasso é, na verdade, um deserto no caminho até a chegada; passando estas provas obtemos maior amadurecimento, preparação e outras lições. Obviamente, é preciso orar por discernimento, pois nem todo sofrimento é por propósito ou legado. Existem sofrimentos injustos ou por consequências de nossa desobediência, e nestes o Senhor pode nos consolar e fortalecer. Em todos os casos, devemos estar atentos à voz e ao direcionamento de Deus.

A nossa maior razão para não nos sentirmos fracassados é lembrar que a nossa vitória não está em nós mesmos, mas sim na conquista de Cristo na cruz em nosso lugar. Tempestades e desertos virão sobre a nossa vida, mas o mesmo Deus que nos chama é Aquele que nos sustenta, bastando estarmos firmados na Rocha que é Cristo (1 CORÍNTIOS 10:13).

QUESTÕES PARA DEBATE

1. Quando você sente que tem fracassado, você se coloca diante do Senhor, ou apenas alimenta pensamentos que o levam a desistir? Por quê?

2. Qual o seu posicionamento diante dos desafios e perdas? Você se amedronta com eles ou consegue manter o olhar em Jesus? De que forma sua resposta aqui afeta seu viver?

3. Você consegue ser vulnerável e buscar ajuda em momentos de tribulação, ou busca se isolar por medo do que vão pensar? Quais têm sido o resultado disso?

ORAÇÃO

Deus, rogo a ti pela vida dos meus irmãos, para que eles perseverem e tenham fé no Senhor diante das tribulações. Peço que o Senhor dê a eles o entendimento de que Tu estás presente em meio às tempestades e que proverás livramento em cada uma delas até o dia de Cristo Jesus. Senhor, não permitas que eles se desviem nem para direita nem para esquerda, mas dá a eles firmeza e que estejam centrados no Senhor. Em nome de Jesus. Amém!

WILLIAM WATSON
Engenharia Mecânica — Jesus na UFPR

ANOTAÇÕES

SEMANA 31

O ABANDONAR A FÉ

Você sabe o que é apostasia? Apostasia significa um abandono completo da fé e costumes que alguém possuía. Tendo em vista que a apostasia pode ocorrer de forma oculta ou aberta, ela acaba sendo uma decisão particular de cada indivíduo. A apostasia é uma realidade dos últimos dias (1 TIMÓTEO 4:1), mas quero caminhar com você em uma conversa abordando o que nos leva a abandonar a fé.

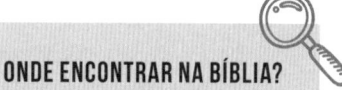

ONDE ENCONTRAR NA BÍBLIA?

2 TESSALONICENSES 2:3
Não se deixem enganar pelo que dizem, pois esse dia não virá até que surja a rebelião [apostasia] e venha o homem da perversidade, aquele que traz destruição.

JEREMIAS 2:13
Pois meu povo cometeu duas maldades: Abandonaram a mim, a fonte de água viva, e cavaram para si cisternas rachadas, que não podem reter água.

FALANDO SOBRE O ASSUNTO

Uma cisterna é um lugar onde se pode armazenar água da chuva. No contexto de Jeremias, não havia encanamento e as pessoas precisavam buscar água direto das fontes. Alguns cavavam cisternas para reter as águas que vinham da chuva, facilitando seu armazenamento e transporte. O profeta faz aqui uma comparação para alertar o povo de um grave problema: além de desprezarem o verdadeiro Deus (a água mais pura e de qualidade, que vinha diretamente da fonte), eles estavam depositando a sua confiança em algo que não era firme (haviam construído cisternas rachadas).

Preguiça

O primeiro motivo que faz uma pessoa caminhar para a apostasia é a preguiça. Quando conhecemos a Cristo começamos uma caminhada de busca pela presença dele. Imagine que Jesus é um tesouro inesgotável e você precisa conhecê-lo por completo. O profeta Jeremias diz: "Se me buscarem de todo o coração, me encontrarão" (JEREMIAS 29:13). Procurar a Deus envolve colocar todo o nosso coração à disposição dele, abandonando as paixões e desejos antigos. Isso se intensifica quando você entende que precisa renunciar a si mesmo para seguir Jesus. "Se alguém quer ser meu seguidor, negue a si mesmo, tome sua cruz e siga-me" (MATEUS 16:24). As renúncias feitas geram algo muito maior em nosso interior (2 CORÍNTIOS 4:17). Fazer uma cisterna significa não buscar o alimento espiritual na fonte, mas sim através de um intermediário. Pregações no *Youtube, Facebook* e *Instagram* são uma bênção, mas não podem substituir o seu momento de devocional íntimo com Deus. Livros que falam sobre a Bíblia não podem substituir a leitura bíblica diária. Precisamos buscar a fonte de água da vida, de modo que nosso espírito seja nutrido pelas palavras do Senhor.

Busca dos próprios prazeres

Outro ponto que nos leva a caminhar para a apostasia é o hedonismo, quando queremos atender aos nossos desejos carnais. Em 2 Timóteo 2:22, Paulo aconselha: "Fuja!". Isso significa que esses desejos virão até você mesmo que você não os procure. Apenas ser tentado em alguma área, desejando algo, não significa que você está pecando; mas se você se rende a tais desejos, acaba se desviando da vontade do Senhor. Aquilo que fere a santidade de Deus gera morte em nossa vida. Tome cuidado para não ceder a uma forma de paganismo: quem adora às "divindades" apresenta as suas petições, isto é, roga para que alguma vontade sua seja feita. O que Paulo nos ensina em Romanos 12:1 é totalmente o contrário: nós nos apresentamos como sacrifícios a Deus, de forma que não fazemos exigências, apenas nos entregamos em Seu altar para sermos consumidos por Ele. Todas as vezes que os nossos desejos se tornam prioridade, nos colocamos no lugar do Senhor. Uma vida de discipulado, com Cristo, exige que abandonemos tudo para segui-lo.

Como vencer a apostasia?

Talvez você tenha percebido que está abandonando os caminhos do Senhor, se rendendo a apostasia. Neste caso, você precisa lembrar-se que Jesus é a fonte de água viva: "...mas quem bebe da água que eu dou nunca mais terá sede. Ela se torna uma fonte que brota dentro dele e lhe dá a vida eterna" (JOÃO 4:13-14). Jesus desfaz o abismo que nos separa de Deus estabelecido pelo pecado e pela indiferença com Deus, ensinando-nos a viver guiados pelo Espírito Santo e no Seu poder. Após você receber a Jesus é necessária uma mudança de mentalidade (ROMANOS 12:2). Conheceremos a boa, perfeita e agradável vontade de Deus quando ouvirmos a Sua Palavra, aprendermos os princípios dela, passarmos a temer o Senhor e praticarmos Sua vontade (DEUTERONÔMIO 31:12). Vença a apostasia: não abandone as palavras do Senhor e mantenha-se fiel ao seu relacionamento íntimo com o Espírito Santo!

QUESTÕES PARA DEBATE

1. Olhando para sua rotina hoje, como você pode reservar mais tempo para se relacionar com Deus?
2. Você se encontra em um lugar de apostasia da fé? Se sim, como você pretende mudar isso? Se não, o que o tem mantido firme em fé?
3. Como permanecer intensamente em um relacionamento com Deus?

ORAÇÃO

Deus, agradeço-te por Tuas misericórdias se renovarem todas as manhãs, por Tua graça estar disponível e eu poder me fortalecer nela. Ajuda-me, Senhor, a ter minha mente renovada e a permanecer firme no relacionamento contigo. Perdoa-me por agir orgulhosamente como se eu fosse o centro da adoração e ensina-me a ter prazer na Tua Lei. Que os Teus estatutos estejam cravados no meu coração e que os meus olhos permaneçam em ti, mesmo diante de uma cultura deturpada, do cansaço e dos prazeres. Que eu seja uma árvore plantada junto a um ribeiro de águas correntes em Teu jardim. Em nome de Jesus. Amém!

ARIELLA HANNA
Educação Física UFPR — CRU Curitiba

ANOTAÇÕES

SEMANA 32
SANTIDADE E PUREZA

Santidade é aquilo que todos os cristãos devem buscar dia a dia: "...sejam santos em tudo que fizerem, como é santo aquele que os chamou" (1 PEDRO 1:15). As Escrituras revelam que essa é a jornada dos "santos", daqueles que estão conectados a Deus e pertencem ao Seu reino por meio de Jesus Cristo. A ideia de ser santo pode ser vista desde o Gênesis, quando Deus prepara um lugar especial para ter comunhão com o homem que criara, e se estende até nós, pois Jesus mesmo disse: "Eles não são deste mundo, como eu também não sou" (JOÃO 17:16). Contudo, como fazer da pureza um hábito, um estilo de vida? Sabe-se que na faculdade ser diferente é complicado, porque todos queremos ser aceitos; e convivendo diariamente com situações sedutoras, podemos normalizar o pecado. Jesus, enquanto homem, não se afastou das pessoas, mas se manteve separado da cultura deste mundo. Cristo é o exemplo de que é possível vencer o pecado assim como Ele venceu.

ONDE ENCONTRAR NA BÍBLIA?

1 PEDRO 1:15-16
Agora, porém, sejam santos em tudo que fizerem, como é santo aquele que os chamou. Pois as Escrituras dizem: "Sejam santos, porque eu sou santo".

ROMANOS 12:1
Portanto, irmãos, suplico-lhes que entreguem seu corpo a Deus, por causa de tudo que ele fez por vocês. Que seja um sacrifício vivo e santo, do tipo que Deus considera agradável. Essa é a verdadeira forma de adorá-lo.

FALANDO SOBRE O ASSUNTO

Na Bíblia, a palavra santidade traduz os termos kadosh (hebraico) e hagios (grego) que significam "santo" ou "separado"; mas separado do quê? Do pecado, dos desejos da carne, da mentalidade errada e deturpada do mundo. Quando você escolhe ser separado, isso é o primeiro passo para ser santo. Dizemos que esta é a santidade posicional: quando o homem entende que precisa ser salvo, quando é convencido do pecado e se posiciona a viver em e para Jesus, entendendo que fora de Deus não há nada. Temos o primeiro degrau da santidade, pois tal reconhecimento posiciona o homem a viver de acordo com a vontade de Deus.

Após o primeiro passo desta jornada, iniciamos a santidade progressiva, isto é, as posturas decisórias em que o homem, dentro de suas responsabilidades, escolhe ser e agir com santidade em todo o tempo. Não sei se isto será uma surpresa para você, mas esse nível perdura toda a vida terrena. É preciso agir como santo, alterar a forma de viver. Mesmo buscando ser santos, ainda estamos sujeitos ao erro, contudo podemos ser aperfeiçoados em Cristo. Por isso é necessário crer nesta verdade: só se é santo a partir de Cristo, assim, quanto mais tempo convivemos com Jesus, mais parecidos com Ele nos tornamos. Logo, na estruturação de uma lógica aristotélica, quanto mais se é parecido com Jesus, mais aperfeiçoado na santidade se fica nele. A santidade progressiva é um longo percurso, mas recompensador. Uma jornada que com Jesus se torna leve e agradável, e já precisa ser vista como um fardo. Então, caso você a veja dessa forma, peça ao Espírito Santo que mude isso em seu coração, pois a vontade de Deus é que o homem seja separado — santo. Afinal, foi em um sacrifício vivo e puro que Ele convidou a humanidade à santificação.

Finalmente, um dia viveremos a santidade definitiva, a partir do momento em que nos encontraremos com Cristo. No Céu, a manifestação dessa santidade será plena, porque não haverá mais pecados e nem a luta contra eles. Porém, para se chegar a esse nível, é preciso antes decidir ser santo. Jesus já fez o sacrifício por nós e deixou o Espírito Santo para nos convencer do pecado e progredir em santidade. Agora, cabe a você, a decisão!

QUESTÕES PARA DEBATE

1. O que é um obstáculo a você tornar-se mais parecido com Jesus e viver em santidade?
2. Qual é o pecado, o seu ponto fraco, com o qual você luta e precisa vencer? O que você tem feito quanto a isso?
3. Qual característica de Jesus, visível em sua vida, que ainda precisa ser aperfeiçoada? Por quê?

ORAÇÃO

Amado Deus, ajuda-nos, por meio do Espírito Santo, a exercer a santidade a fim de que façamos a diferença neste mundo por sermos separados para ti. Desejamos e precisamos nos tornar mais parecidos com Jesus; queremos ser como uma oferta agradável ao Senhor, separados do pecado e vivendo em santidade. Que ela seja algo leve e prazeroso em nós! Sabemos que não será fácil, porém que possamos sentir o Senhor conosco o tempo todo. Agradeço-te pelo que já tens feito em nós, agradeço-te pelo Teu puro amor e compaixão pela nossa vida. Em nome de Jesus. Amém!

LEONARDO ARAUJO
Psicologia — One UNIFAESP

ANOTAÇÕES

REDIMIDOS PARA CULTIVAR E GUARDAR

SEMANA 33

ONDE ENCONTRAR NA BÍBLIA?

GÊNESIS 2:15 NVI

O Senhor Deus colocou o homem no jardim do Éden para cuidar dele e cultivá-lo.

LEVÍTICO 25:23

A terra jamais será vendida em caráter definitivo, pois ela me pertence. Vocês são apenas estrangeiros e arrendatários que trabalham para mim.

Já se deparou com as notícias de enchentes, deslizamentos de terra, incêndios e epidemias e se perguntou: quem é responsável por isso tudo? Deus? O governo? Os grandes empresários?

Ao estudarmos os fenômenos naturais, percebemos que tudo tem uma ordem e motivos estabelecidos, sendo que qualquer alteração no meio ambiente, grande ou pequena, ocasiona uma série de consequências. Como cristãos, percebemos a maravilhosa sabedoria divina ao criar a natureza de forma tão complexa. Sendo filhos desse criador, devemos ter consciência sobre a nossa responsabilidade com o meio e recursos que nos foram dados. Nossas ações evidenciam o porquê fomos salvos e por quem fomos chamados. Não devemos, portanto, terceirizar nossa responsabilidade, mas sim nos posicionarmos em gratidão e honra frente àquele que ama e redime todas as coisas do pecado, incluindo o meio ambiente.

FALANDO SOBRE O ASSUNTO

O primeiro capítulo de Gênesis nos traz um relato lindo do processo de criação do Universo pela fala de Deus. Por Sua vontade, sabedoria e criatividade, tudo o que existe foi milimetricamente calculado, desenhado e entregue ao homem para que este exercesse domínio, cultivasse e guardasse o local. Com a queda e entrada do pecado no mundo, toda a criação foi submetida ao sofrimento, corrompida de sua característica ordem original (GÊNESIS 3:17-19).

Desde o princípio, o Senhor quis estabelecer o ser humano como Seu cooperador na Terra exercendo uma administração consciente. Dela tiramos nosso sustento e todos os recursos que precisamos para sobreviver. Cada animal, planta e fenômeno natural é necessário para o equilíbrio da natureza e consequente sobrevivência dela. Em tudo há uma ordem e harmonia, e qualquer desequilíbrio no sistema tem consequências, muitas vezes desastrosas. Sabendo disso, é importante destacar que o domínio sobre os recursos naturais e animais confiados ao ser humano (GÊNESIS 1:28) não é sinônimo de exploração e destruição. Não podemos fazer o que bem entendemos com o meio ambiente, visto que somos arrendatários em uma Terra emprestada, em tudo pertencente a Deus (LEVÍTICO 25:23; SALMO 24:1; JÓ 41:11). Nosso domínio sobre a Terra reflete muito o nosso relacionamento com o dono dela. Não porque ela em si seja divina, mas porque o Deus que a criou desejou revelar Seu poder, amor e sabedoria por meio dela. Cuidar e cultivá-la com zelo é honrar ao Criador (ROMANOS 1:20).

Se estamos na posição de filhos, salvos e justificados por Cristo, devemos ter a consciência de algo muito importante: fomos salvos para boas obras e de tudo isso iremos prestar contas. Paulo afirma: "Toda a criação, não por vontade própria, foi submetida por Deus a uma existência fútil, na esperança de que, com os filhos de Deus, a criação seja gloriosamente liberta da decadência que a escraviza" (ROMANOS 8:20-21).

O Senhor não espera que façamos "tudo certinho" para então nos salvar. Fomos justificados de nossos pecados por meio do sacrifício de Cristo, não porque já fôssemos santos e bons, mas justamente para sermos santos e bons (EFÉSIOS 2:8-10). É de se esperar que, como filhos do Deus altíssimo, sejamos semelhantes a Ele em tudo, manifestando Sua graça e misericórdia, zelo e amor por tudo o que Ele ama, inclusive o meio ambiente criado por Sua ordem. Deus demonstra que se importa com a Sua criação ao redimir do pecado não só nosso corpo mortal, mas todas as coisas por meio de Cristo (COLOSSENSES 1:20).

Prestaremos contas de tudo o que nos foi entregue pelo Senhor, assim como na parábola dos talentos (LUCAS 19:12-27; MATEUS 25:14-28). Cada palavra e cada ação será posta à prova por Deus no dia do juízo final, por isso devemos nos esforçar para sermos encontrados naquele grande dia revestidos de atos de justiça (APOCALIPSE 19:8) não só para com o nosso próximo, mas para com tudo aquilo que o Senhor criou e redimiu.

QUESTÕES PARA DEBATE

1. Em sua opinião, como seria a vida na Terra e os recursos naturais se a tratássemos como algo verdadeiramente emprestado, como foi estabelecido no Ano do Jubileu em Levítico 25?
2. Quais tipos de boas obras podemos manifestar no meio ambiente?
3. Usando os conhecimentos do seu curso, como você vê os atributos de Deus manifestos na criação?

ORAÇÃO

Senhor, quão maravilhosa é a Tua criação! O Senhor fez tudo perfeito, no devido tempo, e a ti tudo pertence. Perdoa-nos por sermos negligentes e egoístas com a natureza. Ajuda-nos a amar e a cuidar da criação como o Senhor deseja. Que, ao assumirmos nossa responsabilidade, manifestemos Tua graça, zelo e sabedoria ao administrar bem tudo aquilo que nos foi entregue. Pelo precioso nome do Teu filho Jesus, oramos. Amém!

BRUNNA MARQUES
Geografia — Jesus na UFPR

SEMANA 34

AS OPORTUNIDADES SÃO PARA HOJE

Será que temos tanto tempo quanto imaginamos ter? Podemos nos dar ao luxo de deixar para amanhã, aguardar o tempo em que julgaremos estar confortáveis o bastante, para então fazer o que devemos? Na verdade, queremos nos sentir aptos, confortáveis e dispostos para realizar o que já precisava ter sido feito. Adiamos as ações imaginando que estaremos mais preparados no futuro. "Certamente amanhã estarei mais preparado, mais disposto e farei de forma melhor", é o pensamento do bom procrastinador. A oportunidade passa, pois não temos o controle do tempo. O amanhã não nos pertence, e talvez ele nunca chegue.

ONDE ENCONTRAR NA BÍBLIA?

ECLESIASTES 11:4

O agricultor que espera condições de tempo perfeitas nunca semeia; se ele fica observando cada nuvem, não colhe.

2 TIMÓTEO 4:2

...pregue a palavra. Esteja preparado, quer a ocasião seja favorável, quer não. Corrija, repreenda e encoraje com paciência e bom ensino.

FALANDO SOBRE O ASSUNTO

▹ **Que garantia você tem de que algo poderá ser feito amanhã?**

Lembro-me de, no início de 2020, ter sentido que deveria estreitar laços de amizade com o pessoal da minha sala, criando oportunidades de pregar o evangelho, de escutar e de amar as pessoas de modo profundo. Mas pensei comigo mesmo: "Ainda tenho 2 anos em que estudarei com as mesmas pessoas, vamos nos ver todos os dias, certamente haverá outras oportunidades em que estarei melhor e mais preparado para desenvolver estes relacionamentos". Três meses depois entramos em isolamento por conta da pandemia, e a oportunidade passou. O "amanhã" em que desenvolveria relacionamentos com meus colegas de curso não existiu. Era para ser desenvolvido imediatamente; não quando eu gostaria que fosse feito, mas quando deveria ser feito. Como o maná de Deus, as oportunidades são diárias, aparecem e devem ser recebidas no dia; se deixadas para "amanhã", estragam e já não podem ser mais usadas. Não permita que a oportunidade passe, o que é para hoje precisa ser utilizado hoje. Existem oportunidades inadiáveis.

▹ **Não deixe para se preparar quando você já deveria estar pronto**

Normalmente começamos a nos preparar quando já deveríamos estar prontos. Esperamos a tribulação chegar para nos aproximarmos de Deus e ouvir o seu direcionamento, ou deixamos para entender a Bíblia e nos aprofundar apenas quando precisamos explicá-la a alguém. Atentamos para nos preparar apenas quando percebemos o que já deveríamos estar fazendo.

Por conta disso, perdemos diariamente diversas oportunidades que seriam abraçadas, caso já estivéssemos prontos, devido à intimidade que teríamos com Deus e se ouvíssemos o Seu direcionamento a cada dia. Existem coisas que o Senhor quer falar a você hoje, e você precisa estar pronto para ouvi-las. Quanto mais perto estiver e melhor se preparar, mais oportunidades virão em sua direção. Mediante o seu relacionamento com Deus, você entenderá como abraçá-las. O apóstolo Paulo aconselha: "Esteja preparado, quer a ocasião seja favorável, quer não..." (2 TIMÓTEO 4:2). Independentemente do que aconteça, esteja preparado no Senhor.

Não peça por grandes oportunidades se você não aproveita as pequenas

As oportunidades são diárias. Pedimos para Deus grandes oportunidades, mas nos esquecemos das diversas oportunidades que o Senhor já colocou em nosso caminho: nossa faculdade, nosso trabalho, nossa família. Tantas oportunidades são colocadas em nosso caminho diariamente e não as aproveitamos! Por que pensar apenas nas grandes e distantes oportunidades quando já há tantas ao nosso redor?

QUESTÕES PARA DEBATE

1. Quais são as oportunidades que você tem adiado por achar que serão aproveitadas melhor depois, quando você se sentir melhor preparado agora?

2. Você está atento às oportunidades diárias que o Senhor tem colocado em seu caminho (de se relacionar, de apresentar Jesus a alguém, de se aproximar de Deus)? Quais delas você tem postergado?

3. Como os seus sentimentos interferem na maneira como você reage às oportunidades que Deus coloca em seu caminho?

ORAÇÃO

Pai querido, agradecemos-te pelas oportunidades que o Senhor coloca em nosso caminho. Deus, ensina-nos a aproveitá-las da melhor maneira possível. Que nossos sentimentos não nos atrapalhem a lidar com as oportunidades que o Senhor nos dá; que nossa procrastinação não nos impeça de viver grandes coisas com e no Senhor. Dá-nos o que precisamos para hoje e nos permite discernir e abraçar as oportunidades que Tu colocares em nosso caminho. Queremos viver 100% daquilo que o Senhor planejou para nós. Guia os nossos passos e nos dá coragem e sabedoria para não desperdiçarmos as oportunidades.
Em nome de Jesus. Amém!

ARTHUR LIMA
Administração — UFPR

ANOTAÇÕES

SEMANA 35

COMO SERVIR A DEUS NA SALA DE AULA

Quem nunca ficou com medo de contar para seus amigos que é cristão, ou ouviu eles dizerem algo sobre Deus que não é verdade? Diante disso, a vontade é de mostrar para eles que estão errados e lhes falar a verdade, mas acabamos nos atrapalhando na resposta ou não temos segurança em dizê-lo. Isso é normal. Além de se preparar para responder da maneira apropriada, se preocupe com o que suas atitudes expressam aos que estão ao seu redor.

Ser tentado é um processo pelo qual todo cristão passa, seja na sala de aula com amigos, professores ou até mesmo familiares. A única coisa que nos ajuda a enfrentar tais situações é ter um relacionamento íntimo com Deus e pedir a Ele sabedoria para tomar a decisão certa. Na sala de aula não é diferente, coloque seu coração à disposição para o Espírito Santo agir naquele lugar. No primeiro momento pode parecer difícil, mas lembre-se de que para Deus o impossível não existe; tenha fé que Ele está no controle.

ONDE ENCONTRAR NA BÍBLIA?

LUCAS 12:35
Estejam vestidos, prontos para servir, e mantenham suas lâmpadas acesas.

ROMANOS 12:7
Se tiver o dom de servir, sirva com dedicação. Se for mestre, ensine bem.

FALANDO SOBRE O ASSUNTO

Servir a Deus não é só aceitá-lo como Senhor e Salvador de sua vida; essa é uma decisão que somente você pode tomar, mas é apenas o primeiro passo da jornada. O meio acadêmico ou de sala de aula é um dos lugares onde o novo convertido mais se sente acuado e inseguro para falar de Deus com seus amigos. Lembre-se de Moisés: foi tirado de sua mãe, por anos foi rejeitado por faraó, aprendeu o hebraico e a cultura egípcia, depois usou o hebraico para escrever *Gênesis, Êxodo, Levítico, Números e Deuteronômio*. Pare e pense que, mesmo vivendo em um ambiente corrompido, Deus utilizou o que Moisés aprendeu para revelar ao povo hebreu como servir o Senhor e indicar o seu destino.

Agora, se Deus o colocou dentro de uma sala de aula, nesse lugar as pessoas devem ver Deus em você por meio de suas atitudes e seu comportamento. Muitas vezes, sem que você perceba, Ele revela o porquê de você estar ali. Tenha fé em Deus, pois o caminho foi aberto e agora é só seguir as direções dele. Deus não se importa se você não fala bem em público ou se tem medo, Ele olha o seu coração. Assim como Moisés, que não tinha "facilidade para falar" (ÊXODO 4:10) e era auxiliado por seu irmão Arão, você será moldado conforme o Senhor deseja.

Se você é uma pessoa que gosta de ajudar os outros e sempre está presente em eventos da igreja, isso é um dom que Deus trouxe à sua vida, então o exerça com dedicação. Deus pode te usar através do serviço aos outros e, a partir disto, mostrar um caminho para você falar aos seus colegas sobre Ele.

QUESTÕES PARA DEBATE

1. Há algo que precisa melhorar para crescer em seu relacionamento com Deus? O quê?
2. Você tem mostrado Deus por meio das suas atitudes? Quais têm sido os resultados disso?
3. Você é uma pessoa participativa? Se sim, como isso se demonstra? Caso não, o que pode fazer para passar a ser?

ORAÇÃO

Deus, torna nosso coração mais sensível ao Espírito Santo. Mostra-nos o verdadeiro caminho. Que nosso coração anseie por te servir, e estejamos disponíveis assim como Moisés. Que o Senhor tenha o primeiro lugar em minha vida e isso se manifeste por meio de minhas atitudes, revelando-te como o verdadeiro caminho. Em nome de Jesus. Amém!

DANIEL MARTINEZ
Agronomia — Move UTP

ANOTAÇÕES

ISTO SE CHAMA CUIDADO

SEMANA 36

ONDE ENCONTRAR NA BÍBLIA?

ÊXODO 16:15

Quando os israelitas viram aquilo, perguntaram uns aos outros: "O que é isso?", pois não faziam ideia do que era. Moisés lhes disse: "Este é o alimento que o Senhor lhes deu para comer".

Jesus nos ensina a não nos preocuparmos com as coisas que necessitamos para viver, já que o Pai cuidaria delas. Ele nos diz isso logo após no ensinar que ninguém poderia servir a Deus e ao dinheiro, mas que fatalmente iria desprezar um e se dedicar ao outro (MATEUS 6:24-34). Não se preocupar com o amanhã é um desafio, pois leva necessariamente ao exercício da fé, ao se entregar em dependência ao Senhor. Os israelitas deram um exemplo disso ao vagar por 40 anos pelo deserto, um local inóspito onde não havia fartura de comida ou bebida, apenas privações e perigos. Ali, no entanto, a confiança deles em Deus foi provada e desenvolvida.

FALANDO SOBRE O ASSUNTO

Foram muitas as dificuldades passadas pelos israelitas antes que eles entrassem na Terra Prometida. Apesar de a presença do Senhor os sustentar em todo o tempo, eles estavam num lugar hostil onde tudo faltava. Não foram poucos os momentos em que demonstraram dúvidas e desânimo.

A provisão de comida foi evidentemente milagrosa: Deus os sustentou com maná e havia ordenado que cada família recolhesse apenas o necessário para cada dia. Quando alguns desobedeceram ao Senhor e tentaram estocar comida para outro dia, ela estragou, pois o povo precisava aprender diariamente a confiar e a depender do Senhor, não de suas reservas. Sexta-feira era o único dia que eles podiam recolher o dobro de alimento, guardar para o dia seguinte e a comida se conservaria (ÊXODO 16). Este é outro milagre, revelando que Deus já desejava que Israel obedecesse ao mandamento de guardar o sábado (ÊXODO 20:8).

Da mesma forma, quando anoitecia e havia uma pausa para descansar da peregrinação, a nuvem que os guiava não se afastava deles e se tornava uma coluna de fogo que os iluminava e os aquecia (ÊXODO 13:21-22). Quando tinham sede, recebiam água tratada de maneira sobrenatural (ÊXODO 15:24-25) e ao longo de todo caminho suas vestimentas não se gastaram, nem seus pés se incharam ou criaram bolhas (DEUTERONÔMIO 8:1-6), ou seja, foram supridos com roupas, comida e bebida mencionados por Jesus, e ainda em outras necessidades (MATEUS 6:31-33).

O que eles aprenderam com isso? "...que as pessoas não vivem só de pão, mas de toda palavra que vem da boca do SENHOR" (DEUTERONÔMIO 8:3). A partir do versículo anterior, esse aprendizado traz três aplicações práticas que passaram por gerações, alcançaram os ensinamentos de Cristo e norteiam a Igreja do Senhor até hoje.

- "Lembrem-se de..." (DEUTERONÔMIO 8:2). Seja nas Escrituras ou em testemunhos pessoais, recordar é uma ferramenta extremamente útil para perseverar confiando nos cuidados de Deus.

- "Pensem nisto..." (v.5). Um encorajamento a meditar, com frequência, que certas situações nos sobrevêm para nos provar e nos disciplinar visando o nosso bem (ROMANOS 5:3-4; TIAGO 1:2-4).

- "Obedeçam aos mandamentos..." (v.6). Mesmo com provações na vida, e sempre haverá uma próxima, o principal recado aqui é quanto a ser cuidadoso em obedecer ao Senhor. O verdadeiro caminho perigoso não era o deserto, mas o desviar-se de Deus. Seguir a nuvem pode lhe parecer inútil, mas isso o deixará no centro da vontade Dele.

QUESTÕES PARA DEBATE

1. Pensar em depender do Senhor parece perigoso? Por quê?
2. Sempre seremos dependentes de algo, podemos estar trocando nossa fé e confiança por uma preocupação idólatra (leia Mateus 6:27,30-32). Diante disso, o que podemos fazer para permanecer confiando somente no Senhor?
3. De que forma não querer ser dependente de Deus pode nos levar a estradas perigosas?

ORAÇÃO

Pai, é tão difícil confiar, mas é preciso para que não nos percamos em meio aos desertos e, sim, amadureçamos. Ajuda-nos a banir de nossa mente a ideia carnal de que depender de ti é perigoso, irresponsável e assustador. Pois, na verdade, é melhor confiar em ti do que de contar com qualquer coisa terrena que pode nos "comprar", ou fazer-nos desprezar o Senhor como soberano da nossa vida. Que lembremos de que tudo vem de ti e que, sem ti, Senhor, nada se pode fazer de bom. Que nada façamos por ambições egoístas ou por temor pecaminoso. Que a Tua vontade seja sempre considerada! Em nome de Jesus oramos. Amém!

LUIZ HAMMERER
Engenheiro Civil — Jesus na UFPR

ANOTAÇÕES

SEMANA 37

POLÍTICA PRA QUÊ?

O meu gosto por política foi uma das características que me ajudou a escolher o meu curso. Não apenas pelas matérias que envolvem o estudo da política em suas várias faces, mas também pelas habilidades que são necessárias para defender um ponto de vista. Não demorava muito para eu querer me colocar em qualquer debate — muito chato, eu sei. Ocorre que, em certos momentos, eu me vi mais preocupado em defender o meu ponto de vista político do que em anunciar o evangelho aos meus colegas. Eu estava considerando as coisas apenas do ponto de vista humano, e não da perspectiva de Deus.

ONDE ENCONTRAR NA BÍBLIA?

MATEUS 16:23

Jesus se voltou para Pedro e disse: "Afaste-se de mim, Satanás! Você é uma pedra de tropeço para mim. Considera as coisas apenas do ponto de vista humano, e não da perspectiva de Deus".

FALANDO SOBRE O ASSUNTO

Pedro é uma figura bastante interessante na narrativa bíblica. Ele foi o primeiro a reconhecer a natureza divina de Cristo, pois o próprio Senhor declarou: "Que grande privilégio você teve, Simão, filho de João! Foi meu Pai no céu quem lhe revelou isso. Nenhum ser humano saberia por si só" (MATEUS 16:17)

Logo depois disso, Cristo começou a explicar Sua missão: Ele "seria morto, mas no terceiro dia ressuscitaria" (v.21). Diante disso, Pedro, prontamente, "o chamou de lado e começou a repreendê-lo por dizer tais coisas. 'Jamais, Senhor!', disse ele. 'Isso nunca lhe acontecerá!'" (v.22).

Entendendo o contexto em que Pedro estava situado, podemos imaginar o que estava passando em seu coração para querer impedir que Cristo morresse. O imaginário judeu com relação ao Messias era puramente terreno e religioso. Eles esperavam a vinda do Messias a partir de um ponto de vista humano: acreditavam que a nação de Israel seria libertada do domínio romano e o reino de Israel seria restabelecido. Havia uma expectativa eminentemente política na obra messiânica.

Por isso, Pedro, ao ouvir que Cristo teria de morrer, opôs-se veementemente ao plano de Jesus. Possivelmente, ele acreditava que a morte de Cristo enfraqueceria o "movimento"; se o Messias morresse, Israel jamais prevaleceria sobre Roma. Então, Cristo o repreendeu duramente e explicou a razão da atitude de Pedro: "...considera as coisas apenas do ponto de vista humano, e não da perspectiva de Deus" (MATEUS 16.23).

A visão de Pedro parecia estar bastante ofuscada pela sua ideologia política, e isso fez com que ele reduzisse a obra de Jesus a termos humanos. Quantas vezes eu não fiz o mesmo: enxerguei a Bíblia, enxerguei a obra de Cristo e até mesmo a possibilidade de redenção por meio de alguma ideologia política. Isso fez com que, inconscientemente, eu passasse a me preocupar mais com a minha cidadania terrena, com a minha cidadania intelectual. Assim, o ímpeto com o qual eu desejava mudar o Brasil não era o mesmo com que desejava pregar o evangelho para a salvação daqueles que caminham para o inferno. Nessa exata medida, eu era a pedra de tropeço para o avanço do evangelho.

Se, neste momento, você se identifica comigo, permita-me contar um segredo que eu demorei para aprender: não importa quem governa o Brasil, se é mais à direita, se é mais à esquerda; se é polido e instruído, se é grosseiro e ignorante; se é liberal ou se é conservador: há apenas um Único governante sobre todo o cosmos, perante o qual todo joelho, inevitavelmente, se dobrará.

Isso não significa que não possamos ter opiniões políticas, mas quer dizer que tais opiniões não devem se tornar a lente pela qual enxergamos todas as outras coisas. Governos importam, mas eles passam. O que não passa é o sofrimento da alma dos meus colegas que estão perecendo sem Cristo.

QUESTÕES PARA DEBATE

1. Qual é a lente pela qual você enxerga o mundo?
2. A salvação da alma dos seus colegas tem sido uma prioridade? Como você tem trabalhado para isso?
3. Você tem pregado o evangelho tão ousadamente como "prega" sua visão política? Caso não, o que você pensa em fazer a respeito?

ORAÇÃO

Jesus, queremos que o Senhor seja a lente pela qual enxergamos a vida e todas as demais coisas. Que nossa cultura, nossos pensamentos e visões políticas sejam submetidos sempre ao crivo do Teu amor e da Tua justiça. Antes de ser brasileiros, desejamos ser e agir como cidadãos do Céu e, assim, sermos capacitados a cumprir com o mandato cultural que o Senhor nos entregou. Oramos em Teu nome. Amém!

CAIO ROMANI
Direito — Direito com Deus UFPR

O PODER DA RESSURREIÇÃO

SEMANA 38

ONDE ENCONTRAR NA BÍBLIA?

1 PEDRO 1:3-5
Todo louvor seja a Deus, o Pai de nosso Senhor Jesus Cristo. Por sua grande misericórdia, ele nos fez nascer de novo, por meio da ressurreição de Jesus Cristo dentre os mortos. Agora temos uma viva esperança e uma herança imperecível, pura e imaculada, que não muda nem se deteriora, guardada para vocês no céu. Por meio da fé que vocês têm, Deus os protege com seu poder até que recebam essa salvação, pronta a ser revelada nos últimos tempos.

1 CORÍNTIOS 15:20
Mas Cristo de fato ressuscitou dos mortos. Ele é o primeiro fruto da colheita de todos que adormeceram.

A ressurreição é um dos temas que balizam a fé cristã. A missão de Cristo na Terra não se resumiu apenas à Sua vida sem pecados ou somente à Sua morte na cruz, porém Sua obra se completou em Sua ressurreição. Esta completa a vitória de Cristo sobre a morte e anuncia esperança, vida e poder a todo aquele que nele crê. Na certeza que Jesus ressuscitou, sabemos que um dia também ressuscitaremos em glória os que morrermos nele e teremos a eternidade para o conhecer.

1UP

FALANDO SOBRE O ASSUNTO

Se Cristo não tivesse ressuscitado, parafraseando o apóstolo Paulo, quando escreve à igreja de Corinto, nossa fé seria sem sentido algum, visto que a missão de Cristo não estaria completa. Para que fosse completa, Ele precisaria viver como viveu, morrer como morreu e por fim ressuscitar, caso contrário estaríamos ainda sob a escravidão do pecado. Porém, graças a Deus, Jesus ressuscitou! E hoje usufruímos dos inúmeros benefícios que o poder dessa ressurreição nos trouxe, dentre os quais podemos destacar alguns:

- **Salvação**

    O poder da ressurreição de Cristo nos garante a possibilidade de um novo nascimento (1 PEDRO 1:4), um renascimento a partir de uma nova natureza; não mais a natureza caída de Adão, mas uma natureza regenerada, que retoma a semelhança de seu Criador. Mediante a obra de Cristo fomos feitos filhos de Deus e ganhamos o presente da salvação por herança; esta é uma herança que não perece nem se deteriora (v.5). Ao ressuscitar Jesus, Deus aprovou o trabalho que Ele realizara a nosso favor. A penalidade pelo pecado, a morte, já foi paga, a ira de Deus contra o pecado já foi aplacada na cruz, por isso, podemos confiar em tal salvação.

- **Liberdade**

    O poder da ressurreição de Cristo não nos dá apenas uma perspectiva e uma esperança de uma salvação futura, mas de uma liberdade no presente. A ressurreição do Senhor nos garante uma nova vida, não mais sob a escravidão do pecado (ROMANOS 6:6), mas em vitória sobre o pecado (v.11); uma vida que aponta para Jesus e desfruta da felicidade de cumprir o Seu propósito.

- **Ressurreição**

    O poder da ressurreição de Cristo nos garante que um dia também experimentaremos a nossa própria ressurreição (1 CORÍNTIOS 15:20). Podemos ter a certeza que um dia seremos transformados e receberemos um novo corpo incorruptível, não mais sujeito às fraquezas ou a morte, e teremos a eternidade para conhecer a Deus e desfrutar das delícias de Sua presença.

QUESTÕES PARA DEBATE

1. Por que a ressurreição de Cristo é tão importante para os cristãos? Você crê na ressurreição de Jesus? Se não, por quê?
2. Como esse evento impacta hoje a sua vida? E a vida daqueles que estão ao seu redor?
3. O que aconteceria se Jesus não tivesse ressuscitado?

ORAÇÃO

Senhor, agradeço-te por Tua obra a meu favor. Agradeço-te, porque hoje eu posso chamar-te de Pai. Agradeço-te pela salvação que me concedeste em Cristo. Que eu possa me lembrar sempre de tudo que o Senhor já fez por mim e possa viver de maneira digna quanto ao Teu reino. Que eu possa me lembrar todos os dias de que sou salvo em Teu Filho, Jesus, que em ti eu sou livre e que assim como ressuscitaste a Cristo, um dia eu ressuscitarei, viverei e desfrutarei eternamente de Tua presença. Assim eu oro, em nome Jesus. Amém!

MATHEUS AUGUSTO
Engenharia Elétrica — Time REDE

ANOTAÇÕES

SEMANA 39

RACISMO

A palavra *racismo* é razoavelmente curta, mas designa algo que causa estragos enormes na vida e na mente de uma pessoa. Para entendermos melhor sobre isso, temos que nos atentar ao preconceito, uma das formas como ele se manifesta. Raça é uma construção social, um conceito que não tem fundamento à luz da Palavra. A Constituição Federal declara que "todos são iguais perante a lei, sem distinção de qualquer natureza", e ainda ressalta que o preconceito racial é um crime na nossa sociedade.

ONDE ENCONTRAR NA BÍBLIA?

GÁLATAS 3:28

Não há mais judeu nem gentio, escravo nem livre, homem nem mulher, pois todos vocês são um em Cristo Jesus.

TIAGO 2:8-9

Sem dúvida vocês fazem bem quando obedecem à lei do reino conforme dizem as Escrituras: "Ame seu próximo como a si mesmo". Mas, se mostram favorecimento a algumas pessoas, cometem pecado e são culpados de transgredir a lei.

FALANDO SOBRE O ASSUNTO

Deus, em sua infinita sabedoria e graça, nos criou à Sua imagem e semelhança (GÊNESIS 1:26). Em Atos 17:26, vemos claramente que somos da "raça" de Adão, de forma que as diferenças na aparência das pessoas não as fazem valer mais ou menos para Deus (e não deveriam ser significativas para nós, também). Nosso caráter e conduta moral devem ser orientados de acordo com a vontade de Deus. Na discussão sobre o racismo, tem-se falado com frequência sobre o lugar de fala. É importante reconhecermos que devemos escutar e dar espaço para que todas as pessoas falem, especialmente às que vivenciam na pele circunstâncias diferentes das nossas, pois este é um contexto em que temos muito a aprender. Mas mesmo se não formos nós a sermos vitimizados, não podemos nos calar diante das injustiças. Jesus, sendo o verdadeiro conhecedor de cada aspecto da existência humana e sendo o próprio Deus criador, teve sempre Seu "lugar de fala": Ele sempre estava conectado com o Pai, conhecia os desejos de Seu coração e o que Ele desejava realizar na vida das pessoas, de gentios a reis. Assim, nada impedia Jesus de anunciar as boas-novas.

Com os versículos de Gálatas e de Tiago, conseguimos compreender algumas coisas. Vejamos:

> **Sermos um em Cristo Jesus**
>
> Quando somos transformados em nova criatura, mediante o novo nascimento, passamos pelas águas do batismo como confirmação disso e vivemos com Cristo, devemos ser imitadores dele (1 CORÍNTIOS 11:1). Infelizmente, já erramos muitas vezes quanto à questão do racismo, apenas não o admitimos. Jesus veio para nos oferecer nova vida e esperança à humanidade como um todo, independentemente de suas cores ou origens. Por isso, como Igreja do Senhor, devemos ser aqueles que se irmanam na família de Deus, em particular e em público, com o mesmo grau de pertencimento.

> **Obedecer a lei**
>
> A legislação brasileira é clara sobre racismo ser crime no Brasil; logo, nosso papel como universitários cristãos é levar Romanos 13:5 cada dia mais a sério. Deus nos deu autoridade para levarmos a Sua Palavra por onde passarmos, e assim como exorta Salomão: "Fale em favor daqueles que não podem e defender, garanta justiça para os que estão aflitos" (PROVÉRBIOS 31:8), deve-

mos tomar posse da autoridade que Deus nos entregou e fazer a diferença em nossa faculdade.

Acepção de pessoas

Acepção de pessoas significa agir com parcialidade ou favoritismo de alguém. Esse problema implica em "torcer" a justiça, e Deuteronômio 16:19 é bem claro sobre esse assunto. Além do mais, para quem você deixa de falar de Jesus quando faz acepção de pessoas? O racismo está tão impregnado em nossa cultura que, por vezes, acabamos não percebendo o que acontece ao nosso redor.

Pessoas sofrem com racismo todos os dias; alguns não conseguem enxergá-lo por não ser sua realidade, outros conhecem muito bem suas nefastas implicações, inclusive dentro de sala de aula. Enquanto não mostrarmos o amor de Jesus e nos posicionar pela justiça, estaremos deixando de lado o princípio de amar o próximo como a nós mesmos.

QUESTÕES PARA DEBATE

1. O que você tem feito para banir cada pensamento racista ou preconceituoso que aparecerem no seu caminho? Como eles podem afetar a sua visão sobre si mesmo e sobre o seu próximo?

2. Você luta em favor daqueles que não podem se defender? Você se sente amparado pelos irmãos quando sofre com o racismo? Como isso tem influenciado a sua vida com Deus?

3. Você tem sido sal e luz em sua faculdade? Se não, o que tem feito para mudar isso? Se sim, como tem feito para influenciar pessoas ao seu redor a quererem ser como Cristo?

ORAÇÃO

*Deus, ajuda-nos a ver nosso próximo com o olhar amoroso de Jesus.
Ensina-nos a amar as pessoas e a entender suas dores e aflições.
Tira de nossa mente e coração quaisquer valores racistas que tenhamos
em relação aos outros e a nós mesmos, substituindo-os pelos
Teus valores justos e eternos. Que não façamos acepção de pessoas, mas
que sejamos imitadores de Cristo, e assim possamos sentir o que
o Senhor sente por cada pessoa. Que por meio do Teu amor restaurador,
pessoas, famílias e sociedades venham a ser transformadas
pela dignidade com que tratas cada um de Teus filhos.
Em nome de Jesus, oramos. Amém!*

JULLIA TEIXEIRA
Direito — ABU Unicuritiba

ANOTAÇÕES

SEMANA 40

SONHOS

O Senhor nos chamou para viver o sobrenatural, então sonhe grande. Não se acomode ou limite os seus sonhos, busque ouvir o coração de Deus, sonhar os sonhos dele e viver uma aventura com Jesus.

ONDE ENCONTRAR NA BÍBLIA?

PROVÉRBIOS 19:21
É da natureza humana fazer planos, mas o propósito do SENHOR prevalecerá

GÊNESIS 37:5
Certa noite, José teve um sonho e, quando o contou a seus irmãos, eles o odiaram ainda mais.

FALANDO SOBRE O ASSUNTO

É importante sonharmos e fazermos planos com relação ao nosso futuro, mas é mais importante ainda sabermos para onde o Senhor está nos direcionando e quais são os sonhos e os planos dele para a nossa vida. Pois pode ser que no meio do caminho surjam imprevistos, ou algo que nos faça parar por um tempo. Mas se estivermos focados em viver aquilo que o Senhor deseja, permaneceremos firmes.

Na Bíblia, temos o exemplo de grandes servos de Deus que sonharam os sonhos do Senhor, obedeceram a Ele e perseveraram nos momentos difíceis. Tudo isso resultou em bênçãos não só para eles mesmos, mas para as próximas gerações.

Um exemplo claro que temos é o de José. O Gênesis relata que José teve um sonho, mas até chegar o tempo da realização de tal sonho, José foi muito provado e passou por muitos momentos difíceis (GÊNESIS 37:5-9; 42:6). Contudo, mesmo em meio às dificuldades que ele sofreu, José resistiu. A soberania de Deus nos garante que, mesmo se nada mais fizer sentido para nós, tudo acontecerá se pertencer ao propósito dele. Para José, não fazia sentido ser vendido como escravo pelos seus irmãos, e não fazia sentido ele ser preso por algo que não cometeu. Mas fazia sentido para Deus, pois é Ele quem é o dono da história.

Frustrações

As suas frustrações do passado não podem ser um empecilho para que você deixe de sonhar hoje. Em nossa vida, assim como foi na vida de José e de tantos outros heróis da fé, é necessário perseverar. Haverá momentos em que passaremos por estações difíceis, mas não devemos desistir (TIAGO 1:3).

Não se prenda ao passado e nas coisas que não deram certo antes. Busque o novo de Deus e esteja com os olhos fitos nele e nos sonhos que Ele tem para a sua vida.

Façamos a nossa parte

A Bíblia também fala que aqueles que pedem em oração, crendo, recebem (MATEUS 21:22 NAA). Muitas vezes não mergulhamos mais fundo em Deus, ou não vivemos grandes sonhos com Ele porque não saímos da nossa zona de conforto, ou porque pedimos mal (TIAGO 4:3). Busquemos ouvir o coração de Deus e sonhar os sonhos dele, pois a vontade do Senhor é boa, perfeita e agradável.

QUESTÕES PARA DEBATE

1. Em sua vida, quais frustrações o fizeram parar de sonhar?
2. Existem sonhos guardados e escondidos em seu coração? Quais?
3. Quais os próximos sonhos que você se esforçará para realizar?

ORAÇÃO

*Senhor Deus, faz-me ser um amigo íntimo de Jesus. Eu quero conhecer o Teu coração e ouvir de ti quais são os sonhos e os planos que Tu tens para a minha vida. Pois os Teus sonhos são maiores e muito melhores dos que os meus. Conduz-me a viver contigo uma aventura. Livra-me do comodismo, do medo e do desânimo.
Em nome de Jesus. Amém!*

KERYN GEOVANNA
Engenharia Industrial Madeireira — Jesus na UFPR

ANOTAÇÕES

A BÊNÇÃO DA FRUSTRAÇÃO

SEMANA 41

ONDE ENCONTRAR NA BÍBLIA?

ATOS 16:6-7

Em seguida, Paulo e Silas viajaram pela região da Frígia e da Galácia, pois o Espírito Santo os impediu de pregar a palavra na província da Ásia. Então, chegando à fronteira da Mísia, tentaram ir para o norte, em direção à Bitínia, mas o Espírito de Jesus não permitiu.

Todo dia pode ser um dia frustrante. Às quintas-feiras, por exemplo, sempre me frustro quando vou ao mercado, pois ou o preço do que eu queria comprar está acima do que imaginei, ou a atendente do caixa sempre registra um preço diferente do exposto.

Para além de situações ordinárias da vida, as frustrações permeiam acontecimentos maiores: uma vaga não conquistada, uma reprovação ou baixo desempenho, uma amizade ou relacionamento que virou lembrança, um projeto que foi sepultado.

É inevitável que não sejamos alcançados pela frustração.

No entanto, a tristeza ou a revolta advinda da frustração muitas vezes nos impede de reconhecer que ela também é bênção, uma vez que nossa vida é administrada pelo Deus perfeito.

FALANDO SOBRE O ASSUNTO

O trecho bíblico de Atos 16:6-7 (cuja narrativa completa se encontra dos versículos 6 ao 10) narra um frustrante episódio na vida do apóstolo Paulo. Ele planejava ir à Bitínia, mas foi impedido pelo Espírito Santo e teve seus planos totalmente alterados.

No entanto, a narrativa adiante descreve que, se não fosse a ação do Espírito Santo frustrando seus planos, não haveria conversão e grandes maravilhas, como a consolidação de uma igreja.

Tudo coopera

Isso nos ensina uma grande verdade: para aquele que se submete a Deus, não há espaço para projetos pessoais. Se andamos com o Senhor, nossa vida não nos pertence e as mudanças de planos não são algum tipo de punição, mas sim evidências de Sua cooperação (ROMANOS 8:28-29).

Deus fará qualquer coisa para cumprir os Seus planos, inclusive frustrar os nossos

Da mesma forma, as situações inusitadas — que hoje se mostram vazias de sentido ou propósito — fazem parte da ação de Deus mudando os planos. Ele fará qualquer coisa para cumprir os Seus planos, inclusive frustrar os nossos. Foi assim com o Seu próprio filho, que foi exposto, traído e abandonado, mas que também estava submisso aos planos do Pai.

Os que amam a Cristo provam da bênção da frustração

Por fim, quando nos submetemos ao senhorio e à soberania de Deus, temos a convicção e a segurança de que Ele está fazendo o que deve ser feito. É por meio disso que aqueles que amam o Senhor provam daquilo que "olho nenhum viu, ouvido nenhum ouviu, e mente nenhuma imaginou" (1 CORÍNTIOS 2:9).

QUESTÕES PARA DEBATE

1. De que forma você lida com as frustrações em sua vida? Você as vê como bênção ou punição?
2. O que o Senhor nos ensina ao frustrar os nossos planos?
3. Como se convencer de que a história que Deus escreve é melhor do que a nossa?

ORAÇÃO

Senhor, agradeço-te por frustrares vários dos meus planos, ensinando-me assim sobre a perfeição de Teus propósitos. Mesmo sem entender ou ainda que haja em meu coração sentimentos de tristeza ou revolta, conduze-me ao caminho da confiança, onde sei que serei confortada pela Tua poderosa soberania. Que, acima de tudo, cada frustração também me leve para mais perto de ti, pois certamente te encontrarei — e é apenas isso que realmente preciso. Em nome de Jesus. Amém!

LAYLA FISCHER
Direito — FAE

ANOTAÇÕES

SEMANA 42 — PRESOS POR PECADOS

Existe um caminho a ser trilhado para vencermos os pecados que nos aprisionam. Graças a Deus e à sua imensa bondade, existe uma saída para nós. O primeiro passo é reconhecer que, de fato, precisamos de Cristo e que sem Ele estaremos eternamente presos nos laços do pecado. Reconhecendo a necessidade do Salvador, nós nos voltamos à Sua Palavra, que é poderosa para esquadrinhar nosso coração e nos guiar a uma vida de devoção a Deus. Existe libertação para nós!

ONDE ENCONTRAR NA BÍBLIA?

PROVÉRBIOS 28:13
Quem oculta seus pecados não prospera; quem os confessa e os abandona recebe misericórdia.

2 PEDRO 1:3
Deus, com seu poder divino, nos concede tudo que necessitamos para uma vida de devoção...

SALMO 119:11
Guardei a tua palavra no meu coração, para não pecar contra ti.

FALANDO SOBRE O ASSUNTO

Existem alguns pecados que nos acompanham, perseguem e oprimem. Muitas vezes, esses pecados recorrentes nos fazem querer desistir e pensar que Deus não nos olha mais com amor. Estes pecados-algema são como o fruto de uma árvore. Quando confessamos e acreditamos que tudo será diferente, retiramos o fruto. Contudo, quando passa o tempo e, de repente, nós nos encontramos caindo no mesmo erro, é como se o fruto crescesse novamente. Isso nos mostra claramente que esse pecado ainda habita em nós e que as mudanças de atitude foram apenas na superfície. Para que esse mal seja eliminado de uma vez por todas de nossa vida, precisamos arrancá-lo pela raiz!

Primeiramente, essa raiz deve ser exposta ao evangelho de Cristo. Devemos crer de todo coração no sacrifício feito por Jesus. O Deus Filho se entregou por nós, pagando um alto preço para quitar nossa dívida (COLOSSENSES 2:14). Ele morreu e ressuscitou para que o pecado não tivesse mais domínio sobre a nossa vida (ROMANOS 6:14). Cremos de fato nessa verdade?

O sacrifício de Jesus é suficiente para nos libertar. Jesus tem poder e para Ele nada é impossível. O Senhor nos deixou o Espírito Santo para nos conduzir em toda verdade (JOÃO 16:13). A Palavra de Deus diz que Ele nos deu tudo que precisamos para viver uma vida de devoção a Ele. Precisamos crer de todo coração no poder do evangelho.

Após entender isso, a Palavra de Deus nos aconselha a confessar nossos pecados a irmãos de confiança. Muitas vezes evitamos fazer isso por temer que outros venham a nos julgar ou pensar mal de nós. Porém esse pensamento revela o orgulho ou a insegurança que está nosso coração, pois queremos preservar nossa imagem como a de alguém que não erra. Portanto, precisamos deixar de lado o medo de manchar nossa reputação para alcançarmos um coração que agrada ao Senhor. Precisamos confessar para sermos curados (TIAGO 5:16). Estamos todos no mesmo barco, crescendo e aprendendo a viver em santidade.

Após sermos libertos do pecado que nos aprisiona, precisamos mergulhar na Palavra de Deus e meditar nela todos os dias, guardando-a em nosso coração para não pecar (SALMO 119:11). A Palavra de Deus é fundamental para firmar nossos pés no Caminho, Jesus. Ela é a água que nos limpa e que nos faz viver no Espírito — e o fruto do Espírito em nós é algo bom e perceptível (GÁLATAS 5:22-23).

Sigamos firmes nessa verdade, e mesmo que aconteçam falhas, não precisaremos fugir ou nos esconder de Deus como fez Adão (1 JOÃO 2:1-3; 3:3-6). Jesus nos libertou, nos comprou e nos limpou. Ele nos ama, e isso jamais mudará. Que possamos crer no Seu caráter santo e permitir que Ele arranque todo pecado pela raiz.

QUESTÕES PARA DEBATE

1. Existe algum pecado que você carrega durante anos e não consegue se libertar? Como isso tem afetado sua vida e sua comunhão com Deus?

2. Quando comete algum pecado, você costuma confessar e abrir o coração para alguém de confiança? Se não, por quê?

3. De que maneira a Palavra de Deus tem lhe ajudado a vencer suas falhas?

ORAÇÃO

Senhor, perdoa-me pelas minhas constantes falhas. Perdoa-me por não crer plenamente no poder do evangelho que pode me libertar de todo pecado. Ensina-me sobre a Tua graça e misericórdia, ensina-me a confiar na Tua Palavra. Que eu não me apegue à minha imagem pública, mas tenha coragem para confessar meus pecados; que eu possa me ver no reflexo dos Teus olhos e entender que esta é a imagem que importa. Ajuda-me a viver em santidade. Agradeço-te por me libertares, agradeço-te pelo privilégio de viver em livre do domínio do pecado. Agradeço-te pelo Teu amor incondicional. Quero caminhar nessa verdade por todos os dias da minha vida. Por isso oro a ti em nome de Jesus. Amém!

PAOLA YASMIN
Química — Jesus na UFPR

PERDÃO

SEMANA 43

ONDE ENCONTRAR NA BÍBLIA?

COLOSSENSES 3:13

Sejam compreensivos uns com os outros e perdoem quem os ofender. Lembrem-se de que o Senhor os perdoou, de modo que vocês também devem perdoar.

1 JOÃO 1:9

Mas, se confessamos nossos pecados, ele é fiel e justo para perdoar nossos pecados e nos purificar de toda injustiça.

São muitas as circunstâncias do dia a dia que nos permitem exercitar o perdão. Na contramão do mundo, que apregoa que a pessoa é "trouxa" se perdoar, o Senhor ordena o perdão quando necessário. Mas as pessoas costumam agir de forma contrária à ordem de Deus, guardando mágoas ou raiva de outras pessoas e de si mesmos, e isso as escraviza ao passado.

As mágoas guardadas podem trazer males à saúde física e psicológica, afetando alguém tanto individual como socialmente. Porém, em Jesus, há perdão: Ele perdoou a todos, inclusive a mim; logo, por que não perdoar a si mesmo e ao próximo? Quem sou para não perdoar?

O perdão é uma escolha que nos torna livres da mágoa e da autocondenação, mas ela só acontece verdadeiramente apenas com ajuda de Cristo.

FALANDO SOBRE O ASSUNTO

Quando Jesus ordena: "Ame o seu próximo como a si mesmo" (MATEUS 22:37), Ele está falando também do perdão. O perdão deve ser concedido ao próximo, mas também a si mesmo. Se não conseguimos fazer isso, negligenciamos esse mandamento de Jesus. Na parábola do credor incompassivo, a necessidade de perdoar é inquestionável: o homem é condenado pelo rei porque, mesmo tendo sido perdoado de suas dívidas impagáveis, ele cobra maldosamente uma pequena dívida de outra pessoa (MATEUS 18:21-35). Isso nos fala da punição pelo nosso pecado que recaiu sobre Jesus na cruz, sofrendo em nosso lugar, e de nossas questões com as pessoas ao nosso redor. Devemos perdoar, pois o Senhor já estendeu Seu perdão a nós.

Perdoar a si mesmo

Talvez seja mais fácil perdoar outras pessoas do que perdoar a si mesmo, pois sabemos a extensão de nossos erros e, por vezes, nos autocondenamos e não aceitamos o perdão de Jesus. Esta falta de perdão normalmente ocorre pela falta de autoestima, exigências altas demais, pensamentos ruins sobre si mesmo e falta de amor-próprio. Sendo assim, não conseguimos cumprir o segundo grande mandamento, pois não manifestamos amor a nós mesmos através do perdão. Se Jesus já nos perdoou e ninguém nunca será perfeito na Terra, precisamos aceitar que muitas vezes falharemos e que isso não nos torna piores que os demais ou inalcançáveis para a graça de Deus.

Peça a Deus que Ele lhe convença do Seu grande amor por você, pois Ele entregou o Seu filho unigênito por tanto lhe amar (JOÃO 3:16). O Senhor pode lhe ensinar a se perdoar.

Perdoar o próximo

Na própria oração que Jesus deixou como exemplo, Ele fala sobre perdão: "...perdoa nossos pecados, assim como perdoamos aqueles que pecam contra nós" (LUCAS 11:4). Essa é uma atitude na qual a pessoa abre mão do seu direito a mágoa e comportamentos negativos para com quem lhe ofendeu. Com isso, ela permite que sentimentos de compaixão, misericórdia e, possivelmente, amor cresçam para com o ofensor. Perdoar não significa que esquecemos a afronta, mas sim que é possível relembrar a situação de um modo diferente e sem dor. O perdão é mais do que não sentir mais raiva ou se sentir bem: é olhar a pessoa que nos magoou com amor e compaixão, e, quem sabe, conseguir caminhar junto a ela novamente.

Existe também o "pseudoperdão", que ocorre quando falamos para alguém que o perdoamos, mas lançamos sobre a pessoa o que ela nos fez sempre que temos oportunidade. A falta de perdão gera sofrimento e não é algo que Deus deseja para Sua criação, por isso peça a Ele que o ajude a liberar perdão. Pense na pessoa que um dia o machucou e busque o Senhor para ajudar-lhe a perdoá-la, ficando assim livre dessa dor.

QUESTÕES PARA DEBATE

1. No que você precisa se perdoar? O que o impede de fazer isso?
2. Tenho perdoado às outras pessoas como o Senhor me perdoa?
3. Quem você ainda precisa perdoar? Por quê?

ORAÇÃO

Deus, ajuda-me a perdoar os outros e a me perdoar. O Senhor sabe que não é fácil, mas Tu, ó Deus, entregaste o Teu Filho para me perdoar e eu quero, como Ele, conseguir perdoar também. Ajuda-me nisso! Não permita que a raiva e a mágoa me dominem, nem me deixe esquecer os Teus princípios, para que a Tua natureza cresça em mim todos os dias. Ensina-me a me olhar de maneira diferente, perdoando-me a mim mesmo, pois não quero mais carregar o peso da falta de perdão em mim. Em nome de Jesus! Amém!

LEONARDO ARAUJO
Psicologia — One UNIFAESP

SEMANA 44

ESTUDAR PRA QUÊ?

Dentre os processos por que passamos em nossa formação como seres humanos, a aprendizagem é um dos mais longos. Nos primeiros anos de vida ele se mostra importantíssimo, pois os saltos de linguagem e pensamento de uma criança são impressionantes; posteriormente, na escola, aprendemos a interpretar, quantificar, nomear coisas e pessoas, e conteúdo de diversas áreas. Assim passamos pelo Ensino Fundamental e pelo Ensino Médio, às vezes mais por obrigação do que por interesse ou vontade própria. Para muitos, na universidade chegamos no momento mais esperado, pois estudaremos o que realmente gostamos. De início nos dedicamos totalmente, porém, após algum tempo, talvez levados pelo cansaço ou outros afazeres, começamos a tratar com desleixo uma conquista que muito almejamos. Afinal, pra quê se dedicar aos estudos?

ONDE ENCONTRAR NA BÍBLIA?

COLOSSENSES 3:23-24

Em tudo que fizerem, trabalhem de bom ânimo, como se fosse para o Senhor, e não para os homens. Lembrem-se de que o Senhor lhes dará uma herança como recompensa e de que o Senhor a quem servem é Cristo.

ATOS 17:28

Pois nele vivemos, nos movemos e existimos. Como disseram alguns de seus [e] próprios poetas: "Somos descendência dele".

FALANDO SOBRE O ASSUNTO

- **Fazemos para o Senhor**

    Como cristãos, sabemos que somos filhos que buscam agradar ao Senhor e, por isso, nos esforçamos para fazer as coisas de forma excelente para Deus. Muitas vezes pensamos que isso se aplica somente a ações feitas no ministério, porém isso abrange toda a nossa vida, inclusive a área acadêmica. Por mais difícil que seja, devemos nos dedicar aos estudos para honrar aquilo que o Senhor depositou em nossas mãos. Nosso desejo é o de sermos profissionais excelentes para a honra e glória do nome de Deus. É um privilégio saber que podemos dedicar nossas provas, tarefas, diplomas, aulas, projetos e muito mais como oferta ao nosso Criador. Temos a confiança de que o Senhor nos dará sabedoria e nos capacitará mediante Sua vontade para lidarmos com as pressões e os prazos que enfrentaremos

- **Não precisamos caminhar com uma mentalidade de sobrevivência**

    Conforme o tempo na universidade passa e o cansaço aumenta, é muito fácil ficarmos na inércia e caminharmos com o pensamento de que precisamos somente sobreviver a essa vida de faculdade por mais 2, 3 ou 4 anos. Muitas vezes focando somente na conclusão do curso e não aproveitando o processo, por mais árduo que seja. Porém, ao pensarmos dessa forma, podemos perder oportunidades de impactar a vida de colegas através do padrão de excelência do Reino que o nosso Pai espera de nós. Logo, não somos sobreviventes, mas sim sal e luz onde estivermos.

QUESTÕES PARA DEBATE

1. Pare para refletir em como foi sua vida acadêmica nesse último semestre. Você teve dificuldade de dedicar os seus estudos a Deus? Por quê?

2. Em algum momento você se sentiu cansado e passou a apenas "sobreviver" na universidade (ou isso é precisamente o que está experimentado agora)? O que você fez/pode fazer para mudar isso?

3. Você tem procurado impactar a vida de colegas pelo padrão de excelência do Reino? De que forma suas atitudes demonstram isso?

ORAÇÃO

Pai, agradecemos-te por nos trazeres alívio mesmo em meio a tempos de cansaço. Agradecemos-te por renovares Tuas misericórdias diariamente sobre nós e por cuidar de todas as áreas de nossa vida. Ajuda-nos a ser como Tu, e a levar os nossos estudos com seriedade e responsabilidade. Queremos entregá-los a ti hoje, confiando que o Senhor nos ajudará na caminhada andando ao nosso lado. Que nossa postura venha impactar nossos colegas e que possamos agir como Cristo agiria.
Em nome de Jesus. Amém!

ANA LUIZA
Engenharia Elétrica — Dunamis Pockets PUCPR

ANOTAÇÕES

MURMURAÇÃO

SEMANA 45

ONDE ENCONTRAR NA BÍBLIA?

TIAGO 4:11
Irmãos, não falem mal uns dos outros...

MATEUS 6:6
...cada um vá para seu quarto, feche a porta e ore a seu Pai, em segredo. Então seu Pai, que observa em segredo, os recompensará.

Dos nossos lábios saem muitas ofensas ao Senhor, e muitas delas são contra nossos irmãos na fé. Se pensássemos sobre a relevância do que dizemos e sobre os efeitos que nossas palavras podem ter, seríamos muito cuidadosos quanto à qualidade de cada palavra que proferimos. Esta semana, refletiremos um pouco sobre o pecado da murmuração.

FALANDO SOBRE O ASSUNTO

Mesmo que todo pecado seja igualmente ofensivo a Deus, existem consequências diferentes para cada um deles, mesmo que teimemos em achar que alguns "não darão em nada". Um exemplo é a murmuração, que consiste em reclamar, queixar-se ou difamar alguém com doses de rancor, raiva, inveja e/ou ódio. Ocorre quando as coisas saem do nosso controle e não são como gostaríamos. Ela sempre revela algum orgulho e imaturidade.

A murmuração seduz quando só abrimos o coração ou falamos de algo que alguém fez de errado e precisa de correção. Pode-se até falar a verdade, mas maculada pela malícia. Não demora para se colher sofrimento emocional, cair em um *loop* de comparações, manipular situações de acordo com as próprias noções de justiça — que "não passam de trapos imundos" (ISAÍAS 64:6) — e até separar-se de amigos chegados, aguçando a solidão. Tudo isso é possível usando apenas a língua ou, atualmente, mensagens de texto em redes sociais.

Por isso, se antes as reclamações eram direcionadas às pessoas, que agora sejam expostas diante de Deus, em secreto e não em público. É nesse lugar que trocamos feridas emocionais por orações de confissão, que alvejam o coração com fortes doses de misericórdia, perdão, submissão e amor a Deus estendido ao próximo.

Em seguida, o objetivo é tentar se reconciliar com quem o prejudicou (ou então pedir perdão, se foi você quem causou o mal). O perdão tem um inegável poder de transformação. Devemos tentar exercê-lo, mesmo que possamos não ser aceitos e a restauração pareça remota.

Quando aprendemos a lidar com a murmuração colocando ira, angústias e dores sobre a cruz do nosso Senhor, isso nos permite avaliar o próprio coração à luz da Palavra de Deus.

Se o pecado da murmuração é semelhante à uma oração feita no lugar errado, para a pessoa errada, o milagre ocorre quando a reclamação é colocada diante de Cristo em atitude de oração. Assim, mudanças de atitudes para com as pessoas podem ser experimentadas.

QUESTÕES PARA DEBATE

1. Quando você tende a pensar que alguns pecados "não darão em nada", em quais áreas especificamente você está se arriscando?
2. Diante de situações que o desagradam e que envolvem pessoas, que tipo de palavras você tem lançado em sua vida e na de outros?
3. A oração é um recurso excelente para vigiar as nossas palavras diante de Deus. O quanto você tem usado dessa prática para auxiliá-lo em seus relacionamentos?

ORAÇÃO

Senhor, peço-te perdão por todos os momentos nos quais usei palavras para reclamar, murmurar ou falar mal de pessoas. Perdoa-me por não compreender o quanto é importante usar minhas palavras para louvar o Teu Santo nome em todos os momentos. Que eu vigie sempre o que ouço e o que falo! E que as minhas palavras sejam sempre agradáveis a ti, Senhor, em nome de Jesus. Amém!

GABRIEL DAYAN
Direito — ABU Unicuritiba

ANOTAÇÕES

SEMANA 46

A ARTE QUE GLORIFICA A DEUS

Os artistas (estou me referindo aos meus colegas criadores de conteúdo: escritores, pintores, músicos, atores, dançarinos, fotógrafos e tantos outros) são de suma importância para a sociedade, sendo de fato indispensáveis para a vida humana. A arte é uma mistura de criatividade e responsabilidade. A arte educa, a arte transforma, a arte pode provocar revoluções.

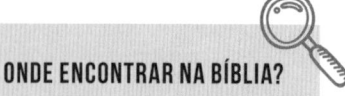

ONDE ENCONTRAR NA BÍBLIA?

ATOS 17:28

Pois nele vivemos, nos movemos e existimos. Como disseram alguns de seus próprios poetas: "Somos descendência dele".

SALMO 104:24

Ó SENHOR, que variedade de coisas criaste! Fizeste todas elas com sabedoria; a terra está cheia de tuas criaturas.

FALANDO SOBRE O ASSUNTO

Nunca consumimos tanta arte quanto agora! Quem seria você sem as suas músicas, livros ou séries? Eu não saberia descrever minha vida sem alguns deles. Além de produzir arte, eu sou uma consumidora assídua dela e o que me deixa muito feliz é saber que existem cristãos que estão "fazendo arte" de verdade, e não apenas consumindo ou replicando coisas que já existem.

Os artistas, por alguns, são vistos como os conhecedores e detentores da sabedoria das artes. Por outros, são vistos como supérfluos que podem ser deixados de lado e que de nada importa o seu trabalho. Mas isso não é verdade! Deus é o nosso maior exemplo disso: Ele criou os Céus e a Terra (ATOS 17:24), sendo o maior artista que existe. Como filhos desse Criador artista, feitos à sua imagem e semelhança, é natural que tenhamos o dom de criar a partir da criação, usando ferramentas que o próprio Deus nos deu!

Quero convidar você a refletir um pouco sobre todos os artistas que estão dentro da sua casa, seja por meio de uma pintura em um quadro, em uma música que você escuta ou até mesmo na tela do seu celular em um *post* nas redes sociais. Existe um artista por trás de cada obra; saiba valorizar o seu trabalho! O maior artista de todos também nos deixou uma obra para admirarmos, e ela está em todo o lugar, basta estarmos com os olhos atentos e disponíveis para observar a criação de Deus e admirar sua glória (SALMO 104).

Como disse Francis A. Schaeffer, um autor que gosto muito: "Portanto, a primeira razão para valorizarmos a criatividade é que Deus é o Criador".

QUESTÕES PARA DEBATE

1. Você valoriza a boa arte (e artistas) que consome, dentro e fora da igreja? Por quê?
2. Como a arte influencia sua maneira de ver o mundo?
3. Você percebe a criação como sendo a obra de arte de Deus? Você já pensou que você é uma das obras que Deus criou? De que forma isso afeta o que você pensa e sente? Por quê?

ORAÇÃO

Deus, ajuda-nos a enxergar beleza na Tua obra, a sermos gratos por ela e a valorizar nossos irmãos artistas. Que nossos olhos estejam atentos aos detalhes e perfeições da Tua obra. Que possamos entender que fazemos parte dela e que fomos criados à Tua imagem e semelhança. Agradecemos-te por cada mínimo detalhe pensado sobre os Céus, a Terra e sobre nós seres humanos. É isso que oramos em nome de Jesus. Amém!

ISABELLE ALMEIDA
Jornalismo — Intervalo Vida PUCPR

ANOTAÇÕES

SOU DE HUMANAS!

SEMANA 47

ONDE ENCONTRAR NA BÍBLIA?

JOÃO 1:12

Mas, a todos que creram nele e o aceitaram, ele deu o direito de se tornarem filhos de Deus.

FILIPENSES 1:9-11

Oro para que o amor de vocês transborde cada vez mais e que continuem a crescer em conhecimento e discernimento. Quero que compreendam o que é verdadeiramente importante, para que vivam de modo puro e sem culpa até o dia em que Cristo voltar. Que vocês sejam sempre cheios do fruto da justiça, que vem por meio de Jesus Cristo, para a glória e o louvor de Deus.

Em algum momento da nossa vida universitária somos surpreendidos com aquela famosa pergunta: "Você é de humanas ou de exatas?". Para diferenciar um pouquinho esses dois grupos, de forma resumida, o universitário de humanas tem como foco estudar a sociedade e suas relações sociais, já o universitário de exatas é mais prático e utiliza do raciocínio lógico para solucionar problemas —, humanas e exatas não se confundem. Dessa forma, é assim que devemos ser quanto a nossa identidade gerada em Jesus Cristo. Este texto visa demonstrar a importância de termos nossa identidade muito bem definida em Deus para que possamos caminhar pautados no que está escrito na Bíblia sobre quem nós somos.

FALANDO SOBRE O ASSUNTO

Os versículos desta semana nos ensinam alguns pontos importantes. Primeiramente, sermos filhos de Deus é a base de nossa identidade; em segundo lugar, precisamos crescer em conhecimento e discernimento para compreender o que de fato é importante, com o alvo de vivermos de forma que agrade o coração do Senhor até a Sua vinda.

Identidade de filhos de Deus

A Bíblia nos ensina que Deus é tão rico em misericórdia e nos amou tanto que, apesar de nossos pecados, Ele nos perdoou e nos deu vida juntamente com Cristo. Outrora, nós andávamos distantes de Deus, mas, por meio do sacrifício de Jesus, fomos trazidos para perto dele. Essa é a nossa identidade. Essa é a nossa nova realidade. Hoje somos chamados de filhos de Deus, e é isto que nós somos.

Crescer em conhecimento e sabedoria

O entendimento de que somos filhos de Deus nos leva "a crescer em conhecimento e discernimento" (FILIPENSES 1:9) em todas as coisas. Esse versículo faz parte da carta escrita por Paulo e Timóteo aos seguidores de Jesus que estavam em Filipos (v.1). A grande característica desses cristãos era a sua perseverança, a sua fé em viver e pregar o evangelho de Cristo. Eles não eram corrompidos com a cultura e ensinamentos da cidade onde viviam, mas se guiavam pela Palavra, por aquilo que Deus dizia a respeito deles; tinham a identidade definida em Cristo Jesus.

Portanto, a convicção de quem somos em Cristo nos leva a um nível maior de conhecimento e discernimento. A sua identidade determina quem você é, o que envolve vários aspectos da sua vida, como a forma de agir e gostos pessoais. Então, ter a certeza de sua identidade em Cristo é fundamental para não perder o foco durante a sua caminhada aqui.

QUESTÕES PARA DEBATE

1. Você tem convicção da sua identidade em Cristo Jesus? O que faz você crer nisso?
2. Você tem crescido em discernimento e sabedoria em todas as coisas? De que maneira isso tem afetado à sua maneira de viver?
3. Diante das muitas teorias e ideologias que são apresentadas para nós diariamente, o que você tem feito para se firmar no que a Palavra de Deus diz?

ORAÇÃO

Senhor Deus, agradecemos-te pelo Teu sacrifício e pelo Teu imenso amor depositado em nós através do sacrifício do Teu filho Jesus. É por meio do Teu imenso amor que hoje temos o direito de sermos chamados de Teus filhos. Oro para que dia após dia possamos ter convicção de nossa identidade em ti para que cresçamos em conhecimento e discernimento de forma que compreendamos aquilo que é, de fato, mais importante e que agrada o Teu coração. Em nome de Jesus, oramos. Amém!

ANDREZA BRAGA
Direito — CEUMA

ANOTAÇÕES

SEMANA 48

ETERNIDADE

Horas, dias, meses, anos. Nascer, crescer, se reproduzir e morrer. Presente, passado e futuro. Conjugação verbal. Variação de espaço em razão da velocidade média. Curto, médio e longo prazo. Cinco anos de graduação, dois anos de mestrado e quatro de doutorado. Planos, otimização, produtividade, processos.

Parece que a existência humana e terrena está atrelada ao tempo, tendo prazo de validade, ou ao menos sendo dependente dele. As grandes crises que as pessoas enfrentam podem estar relacionadas ao senso de finitude ante a um projeto que não prossegue, a dúvida quanto ao que virá após uma conquista, um término de relacionamento que pensou-se durar para sempre ou até mesmo uma vida que inesperadamente chega ao fim. Será que a vida acaba no último suspiro? A. W. Tozer afirmou desconhecer qualquer ponto da fé cristã que seja capaz de manter sua significância ao ser despido do conceito de eternidade. Esta semana, conversaremos um pouco sobre isso.

ONDE ENCONTRAR NA BÍBLIA?

ISAÍAS 40:28-31

Você não ouviu? Não entendeu? O Senhor é o Deus Eterno, o Criador de toda a terra. Ele nunca perde as forças nem se cansa, e ninguém pode medir a profundidade de sua sabedoria [...]. Até os jovens perdem as forças e se cansam, e os rapazes tropeçam de tão exaustos. Mas os que confiam no Senhor renovam suas forças...

2 CORÍNTIOS 4:16-18

Por isso, nunca desistimos. Ainda que nosso exterior esteja morrendo, nosso interior está sendo renovado a cada dia [...]. Portanto, não olhamos para aquilo que agora podemos ver; em vez disso, fixamos o olhar naquilo que não se pode ver. Pois as coisas que agora vemos logo passarão, mas as que não podemos ver durarão para sempre.

FALANDO SOBRE O ASSUNTO

🗣 O Deus Eterno

Temos um pouco de dificuldade de compreender o que não tem começo nem fim. Sabemos que um dia nascemos e que, naturalmente, nossos dias terminarão. Entretanto, quando nos deparamos com as verdades bíblicas, conhecemos o Deus que existe desde a eternidade (HABACUQUE 1:12 NAA), que é Deus antes mesmo do mundo existir (SALMO 90:2), chamado de Deus Eterno (ISAÍAS 40:28), cuja Palavra é eterna (MATEUS 24:35) e que não sofre a influência do tempo: traduzindo em nossa perspectiva, Ele é "o mesmo ontem, hoje e para sempre" (HEBREUS 13:8). Esse Deus que habita na eternidade (ISAÍAS 57:15) encarnou para dar vida eterna àqueles que nele cressem (JOÃO 3:16).

🗣 A eternidade falou ao tempo

Quando o Verbo se fez carne, o Deus Eterno falou ao tempo. Lembremos que a concepção do pecado trouxe consigo morte à humanidade (ROMANOS 5:12), limitação à sua existência e separação da vida em Deus. Jesus não conheceu o pecado e se entregou à morte, mas esta não o segurou; afinal, se o aguilhão do pecado é a morte (1 CORÍNTIOS 15:56), a morte não teve poder de prevalecer onde o pecado não habitou. Assim, Jesus Cristo ressuscitou, tomou as chaves da morte (APOCALIPSE 1:18) e nos concede vida por meio de Sua graça. Cremos que Jesus, que é a ressurreição e a vida, revestirá de incorruptibilidade nosso corpo mortal, que se desvanece com o tempo (1 CORÍNTIOS 15:53), e com Ele viveremos eternamente. O tempo e a morte, ouviram que seus dias estavam contados, quando o Verbo encarnado bradou: "ESTÁ CONSUMADO" (JOÃO 19:30, DESTAQUE ADICIONADO).

🗣 A eternidade no ser temporal

Jesus junto ao poço falou à mulher samaritana: "...quem bebe da água que eu dou nunca mais terá sede. Ela se torna uma fonte que brota dentro dele e lhe dá a vida eterna" (JOÃO 4:14). Já dizia o sábio: "Ele [Deus] colocou um senso de eternidade no coração humano..." (ECLESIASTES 3:11). Podemos crer que esse senso leva à uma busca e anseios que só o Senhor pode saciar. Há algo que apenas Cristo pode conceder; de fato, a vida eterna é conhecê-lo (JOÃO 17:3). Ademais, Paulo ressalta que o nosso corpo físico que envelhece pelo tempo não pode impedir o que se renova interiormente dia após dia (2 CORÍNTIOS 4:16) e nossos olhos devem estar atentos ao que não vemos, pois é eterno. Se estamos em Cristo, que nossos olhos sejam abertos para a eternidade, afinal, "se nossa esperança em Cristo vale apenas para esta vida, somos os mais dignos de pena em todo o mundo" (1 CORÍNTIOS 15:19).

QUESTÕES PARA DEBATE

1. Quais são as marcas que o tempo tem deixado em você?
2. O que mais ocupa sua mente? Propósitos passageiros ou eternos? Por quê?
3. Se você não tem certeza da vida eterna, deseja conhecer a Jesus? O que você pensa a respeito da eternidade?

ORAÇÃO

Pai, que nossos olhos estejam naquilo que é eterno; sabemos que só tu Tens as palavras de vida eterna. Enche-nos de esperança ao te conhecer a cada dia mais profundamente, a fim de que transbordemos vida eterna onde quer que estejamos. Em nome de Jesus. Amém!

TIEME HARFOUCHE
Engenharia Florestal — Jesus na UFPR

ANOTAÇÕES

CURA PARA TODA CRIAÇÃO

SEMANA 49

ONDE ENCONTRAR NA BÍBLIA?

ROMANOS 8:19-23

Pois toda a criação aguarda com grande expectativa o dia em que os filhos de Deus serão revelados. Toda a criação, não por vontade própria, foi submetida por Deus a uma existência fútil, na esperança de que, com os filhos de Deus, a criação seja gloriosamente liberta da decadência que a escraviza. Pois sabemos que, até agora, toda a criação geme, como em dores de parto. E nós, os que cremos, também gememos, embora tenhamos o Espírito em nós como antecipação da glória futura, pois aguardamos ansiosos pelo dia em que desfrutaremos nossos direitos de adoção, incluindo a redenção de nosso corpo.

Toda a criação, inclusive os seres humanos, veio a existir do nada pela vontade de Deus, o Criador. Diferentemente dos deuses adorado pelo mundo, o nosso Deus — o Deus que a Bíblia nos revela — se distingue por ser infinito e ao mesmo tempo pessoal; Ele governa sobre tudo e todos; toda a criação depende do Seu Criador; inclusive nós, apesar da maneira singular pela qual fomos criados. O homem se distingue do restante da criação por ter sido criado à imagem e semelhança de Deus, o que faz dele um ser único. Contudo, enquanto ser criado, o homem está unido às demais criaturas, logo não tem o direito de desvalorizar o restante da criação, pois ela manifesta a glória do Criador.

FALANDO SOBRE O ASSUNTO

Existe um anseio pela redenção completa das consequências malignas da queda não somente do homem, mas também de toda criação. Baseados na obra de Cristo, precisaríamos buscar cura para todas as áreas afetadas pela queda.

Francis Schaeffer diz que, com a queda, o homem foi afastado não só de Deus, mas de si mesmo (não se conhece), dos outros e da natureza; e a própria natureza está separada de si mesma. Assim, quando Cristo voltar, Ele trará cura completa a todas essas separações, mas com base na Sua obra expiatória, podemos buscar redenção hoje mesmo.

Renove seu entendimento quanto ao dominar sobre a Natureza. Ao homem foi dada a capacidade de dominar a natureza, contudo ele não é soberano sobre ela, somente Deus o é. A natureza não é nossa, ela tem um único dono: Deus. Essa verdade precisa estar firme em nossa mente.

Somos mordomos, foi-nos confiado o papel de cuidar e guardar a natureza. Ela é um recurso que precisamos administrar com sabedoria. O homem, pecaminosamente, se colocou no centro de tudo e exerce sua habilidade de domínio de modo errado. Por ele estar caído, ele explora as coisas criadas como se elas fossem nada em si próprias, e como se ele tivesse um direito autônomo sobre elas. Sendo assim, as pessoas que regressaram à comunhão com Deus — tendo um lugar efetivo em Seu reino e sabendo que o Senhor é onipresente — certamente deveriam demonstrar um uso apropriado da natureza. Podemos ter certo domínio sobre ela, mas nós não a usaremos de forma semelhante ao homem sem Deus.

O cristão é chamado a demonstrar tal domínio, porém de forma correta: tratando a criação como algo valioso, exercendo domínio sem ser destrutivo. Nossas igrejas deveriam ter nos ensinado e praticado isso desde sempre, mas geralmente tem falhado, e nós precisamos confessar nosso fracasso.

O homem pode ter domínio, inclusive de si mesmo. Ele pode escolher dominar, pois é uma criatura moral. Mas também, por escolha, deve exercer isso da maneira correta para honrar, da forma mais elevada possível, o Deus que tudo criou. Os cristãos, dentre todas as pessoas, não deveriam ser os destruidores. Nós deveríamos tratar a natureza com um respeito gigantesco. Podemos derrubar uma árvore para construir uma casa, ou fazer uma fogueira para manter a família aquecida, mas não simplesmente por derrubá-la. Temos razões para respeitar a natureza e, quando o fazemos, colhemos benefícios nós mesmos.

QUESTÕES PARA DEBATE

1. O que significa ser mordomo?
2. Qual a conexão entre a nossa mordomia e a criação do Senhor?
3. Você tem praticado mordomia? De que forma?

ORAÇÃO

Senhor, perdoa-nos por não cuidar de maneira adequada de tudo aquilo que Tu colocaste em nossas mãos para cuidar. Que possamos compreender que tudo pertence ao Senhor, e que precisamos cuidar com zelo e amor da natureza e de tudo que existe nela, pois ela é Tua criação feita para Tua glória. Em nome de Jesus. Amém!

LUCAS SILVA
Engenharia Elétrica — Grupo UFPR

ANOTAÇÕES

SEMANA 50

É CHEGADO O REINO DOS CÉUS

Jesus Cristo começou a anunciar esta mensagem após o Seu batismo: "Arrependam-se, pois o reino dos céus está próximo" (MATEUS 4:17). Esse Reino não diz respeito a um lugar, uma localização geográfica, mas fala em primeira instância do direito legal que Deus tem de governar sobre todas as coisas. O Reino dos Céus é a manifestação da soberania do Senhor sobre tudo, uma realidade que deriva da própria natureza de Deus. Nas Escrituras, quando o Seu Reino é estabelecido, ele se apresenta na presença de Deus e Seu domínio. Em Sua presença, nada que não seja santo pode habitar, uma vez que Deus é santo. A fim de nos santificarmos, precisamos nos arrepender de nossas ações e nos entregarmos a Deus (ATOS 2:38). Portanto, "arrependam-se, pois o reino dos céus está próximo".

ONDE ENCONTRAR NA BÍBLIA?

MATEUS 10:7-8

Vão e anunciem que o reino dos céus está próximo. Curem os doentes, ressuscitem os mortos, purifiquem os leprosos e expulsem os demônios. Deem de graça, pois também de graça vocês receberam.

MATEUS 4:17

A partir de então, Jesus começou a anunciar sua mensagem: "Arrependam-se, pois o reino dos céus está próximo".

FALANDO SOBRE O ASSUNTO

Ao estudar as parábolas no capítulo 13 do livro de Mateus, encontramos três razões pelas quais devemos nos arrepender, a fim de sermos moldados pelo Reino dos Céus:

- **Parábolas do joio e trigo e rede de pesca (vv.36-43,47-51)**

    Essas parábolas nos apresentam um tempo em que aqueles que não são filhos de Deus serão arrancados do Reino e os que forem justos permanecerão. Tenho entendido, por meio dos textos bíblicos aqui referenciados, que, antes de esse tempo chegar, o arrependimento precederá o avivamento na Terra, o qual amadurecerá e preparará a Igreja de Cristo para a Sua vinda. Isso me leva a crer que haveria uma diferença muito maior entre aqueles que pertencem ao Reino e aqueles que não, assim como acontece no final do ciclo de vida do joio e do trigo. Acredito que, você e eu, queremos fazer parte de tal avivamento, portanto, "arrependam-se, pois o reino dos céus está próximo".

- **Parábolas semente de mostarda e fermento (vv.31-33)**

    Pequenos atos de propagação do evangelho, quando atingem o coração de alguém, mudam a vida dessa pessoa completamente. E não apenas desta pessoa, mas de todos à sua volta. Na medida em que tal pessoa amadurece no seu relacionamento com Deus, outros se alimentam do que ela traz e conhecem a Jesus por intermédio dela. Quando o Reino dos Céus é inserido em algum lugar, não há como o seu entorno não ser afetado: quando Jesus trouxe o Reino dos Céus, mediante Sua vida, fez um alvoroço tanto na vida dos que criam nele, quanto na dos que não criam. O Reino dos Céus não chega sem abalar tudo, ele não passa despercebido. Portanto, por meio dos frutos que são gerados por meio de nossa vida podemos ver a qual reino verdadeiramente pertencemos. Assim, "arrependam-se, pois o reino dos céus está próximo".

- **Parábolas tesouro no campo e pérola (vv.44-46)**

    O Reino dos Céus, quando encontrado por alguém, torna-se a coisa mais importante na vida dessa pessoa. Não há nada que se compare ao seu valor, uma vez que o Reino dos Céus é Cristo em nós, a esperança da glória (COLOSSENSES 1:27). É com essa primazia assim que devemos tratá-lo. A igreja de Laodiceia (que alguns teólogos entendem ser a igreja dos tempos atuais) foi condenada por ser morna (APOCALIPSE 3:16). Deus não deseja que Seu povo seja morno, mas sim intenso para com Ele, renunciando a tudo para ter um relacionamento com o Senhor. Portanto, busquem o Senhor e "arrependam-se, pois o reino dos céus está próximo".

QUESTÕES PARA DEBATE

1. Medite sobre suas ações e das pessoas próximas a você. Que tipo de pessoa você tem sido, joio ou trigo? Por quê?
2. Quais tipos de fruto sua vida tem gerado às pessoas ao seu redor e nos ambientes onde está inserido?
3. Quão intenso tem sido o seu relacionamento com Deus? Como você penso que poderia melhorar isso?

ORAÇÃO

Deus, peço-te que reines sobre o meu coração, que o Espírito Santo guie minha vida e me direcione para o que devo fazer em ti. Pai, transforma-me à Tua imagem e semelhança, pelo Teu amor. Ajuda-me a lançar fora velhos pensamentos e costumes e a me arrepender verdadeiramente enquanto é tempo, visto que o Teu o Reino está próximo. Que, assim como o Senhor explica na parábola do semeador, eu possa ouvir e entender a mensagem do Reino dos Céus, a fim de dar bons frutos para ti. Que minha vida e frutos sejam uma resposta ao Teu amor! Em nome de Jesus. Amém!

PEDRO MANTOVAN
Engenharia de Controle e Automação — UTFPR

LIVRES PARA OBEDECER

SEMANA 51

ONDE ENCONTRAR NA BÍBLIA?

JOÃO 8:33-36

"Mas somos descendentes de Abraão", disseram eles. "Nunca fomos escravos de ninguém. O que quer dizer com 'Vocês serão libertos'?" Jesus respondeu: "Eu lhes digo a verdade: todo o que peca é escravo do pecado. [...] Portanto, se o Filho os libertar, vocês serão livres de fato".

A expressão bíblica: "'Tudo é permitido', mas nem tudo convém" (1 CORÍNTIOS 10:23), é usada por muitos jovens como pretexto para justificar a liberdade para fazer qualquer coisa, mesmo aos cristãos. Este princípio indica que há liberdade para as pessoas quanto às suas ações, mas que não se podem evitar as consequências de seus atos; por conta disto, todos deveriam considerar o que pode acontecer em decorrência das escolhas que fazem. Na prática, muitos não desejam obedecer, mas querem apenas a autonomia para fazer o que quiserem e acreditarem ser inofensivo. Estes caem no engano de pensar que é impossível usufruir da liberdade e, ao mesmo tempo, ter um compromisso de obediência.

FALANDO SOBRE O ASSUNTO

É impossível não estar sujeito a nada: por mais livres que as pessoas tentem ser, um pequeno detalhe dentro das circunstâncias pode mudar seus rumos e impedir planos. Um simples prego na estrada pode parar um veículo e fazer com que um compromisso importante seja perdido. É preciso humildade, acima de tudo, antes que o anseio por estar no controle da situação retire o cristão do caminho reto e lhe coloque em um estado de presunção maligna (TIAGO 4:13-17).

Entretanto, o que Jesus e muitos de Seus discípulos alertavam é ainda mais difícil de aceitar: todos os que não creem em Cristo estão cegos por causa de Satanás (2 CORÍNTIOS 4:4) e vivem obedecendo aos seus comandos, estando mortos espiritualmente (EFÉSIOS 2:1-2). Isso faz com que, além de tudo, tenham uma percepção parcial da realidade, o que já é uma limitação à sua liberdade.

Isso é evidenciado em uma conversa entre Cristo e os judeus. Eles não admitiam necessitar da verdade para serem libertos e, com isso, rejeitavam a própria libertação. Mesmo tendo Deus revelado a Abraão, Seu servo, que sua descendência seria escravizada, 400 anos antes que isto ocorresse (GÊNESIS 15:13), os judeus, séculos depois, teimavam em dizer que justamente por serem descendentes de Abraão nunca foram escravos de ninguém.

Foi para sermos livres da condenação ao inferno, da influência do pecado e de Satanás, que Cristo veio trazer a verdade e o Espírito da verdade (JOÃO 14:15-17; 18:37). Dessa forma sobrenatural, os inimigos da nossa alma são vencidos: "somos mais que vencedores por meio daquele que nos amou" (ROMANOS 8:37) e não somos mais escravos do pecado, podendo ser livres de continuar pecando (ROMANOS 6).

Homens carnais apenas enxergam a conversão como um compromisso com uma religião ou com uma instituição religiosa, que lhe exigirá o cumprimento de certos deveres contrários às suas vontades. Entretanto, o que ocorre na verdade é que quanto mais alguém é moldado por Deus, mais esta pessoa é livre e purificada para fazer o que é bom. O servo de Deus recebe desejos novos e apropriados, buscando mais fazer a vontade do Pai do que argumentar para que o Senhor faça um pouco da vontade dela (TITO 2:14–3:7).

QUESTÕES PARA DEBATE

1. O que você tem escolhido: se aproximar da vontade de Deus ou viver no limite entre o certo e o pecado? Qual a sua principal motivação para isso?
2. Existe algo que é errado de acordo com a Palavra de Deus, mas você tem relativizado? O quê?
3. Em sua opinião, por que é difícil para as pessoas entenderem que a melhor escolha é viver conforme a vontade do Senhor, já que Ele sabe o que é melhor para elas?

ORAÇÃO

Senhor Deus, agradeço-te por ter nos libertado por meio de Cristo! Ajuda-nos a viver para fazer o que é certo e não sermos afetados por pressões exteriores. Que possamos entender que é um privilégio receber a verdade e até mesmo de sofrer por ela, como fizeste Tu e tantos na história da Tua Igreja. Peço-te que nos dê um novo coração, que se torne cada vez mais parecido com o Teu, a ponto de desejarmos diminuir para honrarmos o Teu santo nome. Faz-nos pessoas cada vez mais livres dos ídolos modernos para que sempre digamos "sim" aos Teus planos. Pedimos em nome de Jesus. Amém!

LUIZ HAMMERER
Engenheiro Civil — Jesus na UFPR

ANOTAÇÕES

SEMANA 52

CORAGEM PARA VIVER O NOVO

Todo final nos faz lembrar de começos. Com certeza você pediu a Deus coisas novas — sonhos, projetos, trabalho, estudos etc. — quando elas estavam iniciando, mas agora que você está no meio destes processos, você ainda está disposto? Qual o seu nível de coragem para viver o novo?

Muitos acreditam que a coragem é uma virtude que se necessita apenas em alguma situação de desespero, de uma situação muito difícil. Na realidade, precisamos desta virtude cotidianamente para vencer os desafios da vida.

Você precisa ser corajoso para viver o novo em Deus! Muitas pessoas querem viver coisas novas, mas não mudam o que fazem todos os dias para viver aquilo que elas mesmas pediram ao Senhor. Sendo assim, para entendermos melhor sobre esse tema, veremos um pouco da história de um servo de Deus que pode nos dar um grande exemplo: Neemias.

ONDE ENCONTRAR NA BÍBLIA?

NEEMIAS 1:10-11

O povo que tu resgataste com teu grande poder e com tua forte mão é teu servo. Ó Senhor, por favor, ouve a oração deste teu servo! Ouve as orações de teus servos que se agradam em te honrar. Peço que me concedas êxito hoje e que o rei me seja favorável.

FALANDO SOBRE O ASSUNTO

Não sei se você sabia, mas Neemias era copeiro do rei Artaxerxes (1:1). Ele foi um servo, mas posteriormente tornou-se governador de Jerusalém (5:14). Por que ele foi de copeiro a governador? Porque ele teve coragem de fazer o necessário, fazer aquilo que ninguém tinha coragem para fazer: resolveu reconstruir a cidade arruinada de Jerusalém (2:3-4). E sabe em quanto tempo ele reconstruiu os muros de Jerusalém? Cinquenta e dois dias.

Você está disposto a fazer mudanças para viver o novo de Deus? Viver o extraordinário? Então, a seguir veremos alguns versículos sobre a história de Neemias a fim de aprender algumas posturas que precisamos adotar.

Acredite (Neemias 2:1-4)

Sabemos que, naqueles tempos, o rei era a maior autoridade da época e muitas vezes qualquer atitude do servo poderia redundar em punição, até mesmo em morte. Então, por que Neemias teve coragem de falar com o rei? Porque ele acreditava em seu potencial e na sua missão. Não considero aqui o potencial segundo a perspectiva humana ou de forma egocêntrica, mas o potencial de acordo com aquilo que próprio Deus colocou dentro de nós! Temos que crer no potencial que Deus depositou em nosso interior, temos que acreditar que tudo o que precisamos para viver o nosso destino profético já foi colocado por Deus em nós.

Prepare-se (2:6-8)

Neemias não estava despreparado para sua audiência. Conforme o rei ia lhe perguntando, ele respondia coerentemente. Podemos considerar que Neemias se preparou, estudou e meditou na vontade de Deus para saber quais seriam os seus passos a fim de completar sua missão.

Precisamos nos preparar! A preparação não é um evento, mas sim um processo que leva tempo. Por quê? Porque o processo de preparação nos posiciona e nos aperfeiçoa, coloca-nos no local certo, no lugar de vitória.

Tenha iniciativa (2:17-20)

Precisamos começar a agir, e mesmo quando o medo nos ameaçar, prosseguir no trabalho! Tenhamos iniciativa, pois uma pessoa sábia realiza, imediatamente, aquilo que o tolo deixa para depois.

Mantenha o caráter (4:19-22)

Neemias se manteve íntegro, manteve seu caráter, não se deixou se abalar ou se corromper mesmo sendo ele o governador da cidade. Ele inclusive auxiliava no trabalho, sequer trocava de roupas, nem mesmo para dormir, a fim de que pudesse cumprir a missão que Deus lhe designara. Neemias tinha raízes profundas em Deus, o que moldou o seu caráter.

Você tem um talento dado por Deus, acredite! Você tem uma missão, prepare-se! Você tem uma oportunidade à sua frente, tenha iniciativa! Você tem um futuro brilhante em Deus, mantenha o seu caráter! Seja fiel ao Senhor até o fim.

QUESTÕES PARA DEBATE

1. Você tem dúvidas quanto à missão que o Senhor o chamou para realizar? Por quê?
2. Dentro do que o Senhor o chamou para fazer, você tem se preparado e tido iniciativa para realizá-lo? De que forma? Se não, o que o tem impedido?
3. Você tem negociado os valores do Reino devido ao medo? De que maneira você pode desenvolver coragem para viver o novo de Deus hoje?

ORAÇÃO

*Deus, encontra em mim um coração como o de Neemias e torna-me alguém corajoso para viver o Teu novo para mim. Que eu tenha coragem para fazer grandes coisas para ti e o Teu Reino! Levanta-nos Pai, torna-nos como Neemias para esta geração, ajuda-nos a ter mais e mais intimidade contigo. Que saibamos enxergar as oportunidades que o Senhor nos dá e que possamos ter iniciativas para viver o Teu novo. Queremos conservar o caráter que o Senhor desenvolveu em nós.
Em nome de Jesus. Amém!*

MAICON WILLIAM
Direito — Uniandrade

ANOTAÇÕES

ANOTAÇÕES

ANOTAÇÕES

Aplicativo Pão Diário UNIVERSITÁRIOS

BAIXE AGORA!

APONTE A CÂMERA DO SEU CELULAR PARA O QR CODE.

Acesse o site, **baixe** o App **e seja abençoado** com este presente!